中国教育学会"十三五"教育科研规划课题"特殊教育教师职业人格研究"（1719280703B）成果
广东省特殊教育研究专项课题"特殊教育教师的职业人格及其相关研究——以广东省为例"
（GDJY–2019–T–a 13）成果

特殊教育
教师职业人格研究

申承林◎著

吉林大学出版社

长春

图书在版编目（CIP）数据

特殊教育教师职业人格研究 / 申承林著. -- 长春：
吉林大学出版社，2021.6
ISBN 978-7-5692-8439-3

Ⅰ．①特… Ⅱ．①申… Ⅲ．①特殊教育—师资培养—
职业道德—研究 Ⅳ．① G76

中国版本图书馆 CIP 数据核字（2021）第 119558 号

书　　名：特殊教育教师职业人格研究
　　　　　TESHU JIAOYU JIAOSHI ZHIYE RENGE YANJIU
作　　者：申承林 著
策划编辑：卢　婵
责任编辑：卢　婵
责任校对：单海霞
装帧设计：黄　灿
出版发行：吉林大学出版社
社　　址：长春市人民大街 4059 号
邮政编码：130021
发行电话：0431-89580028/29/21
网　　址：http://www.jlup.com.cn
电子邮箱：jdcbs@jlu.edu.cn
印　　刷：武汉鑫佳捷印务有限公司
开　　本：787mm×1092mm　　1/16
印　　张：15.75
字　　数：200 千字
版　　次：2021 年 6 月　第 1 版
印　　次：2021 年 6 月　第 1 次
书　　号：ISBN 978-7-5692-8439-3
定　　价：122.00 元

序

　　作为国民教育体系的组成部分，特殊教育不仅承担着帮助特殊儿童补偿缺陷、开发潜能与融入社会的重要使命，也是增进社会民生福祉、实现公平正义与促进和谐发展的重要途径。然而，长期以来，大量研究表明，特殊教育教师在职业认同、职业倦怠、角色冲突与身心健康等方面的问题较为突出。教师是立教之本、兴教之源。由此，"特殊教育教师应该具备什么样心理素质与职业人格"，既是研究者苦心孤诣的学术拷问，也是特殊教育实践亟待解决的根本问题。

　　多年来，我国教师队伍建设大多着眼于数量扩充、结构优化和学历提升等问题。随着我国教育不断从"数量"和"规模"走向"质量"和"品质"，如何打造一支高素质专业化的教师队伍，促进现代教育的内涵发展，日益成为当下中国教育研究的前沿与热点问题。第30个教师节前夕，习近平总书记提出新时代"四有"好老师标准。显然，理想信念、道德情操、扎实学识、仁爱之心不仅仅是对教师专业知识能力的要求，更是教师职业在心理品质和人格素养方面的应有之义。因此，本书立足于教师心理，从职业人格的角度去探讨和践行特殊教育，足以体现作者敏锐的学术眼光与问题意识。

早在 1959 年，美国心理学家霍兰德就提出了职业人格的概念，并假设不同职业类型具有相匹配的人格特征。受教育部委托，我们曾对教师职业心理健康做过专门研究。职业心理健康不简单等同于日常生活中的一般心理健康，而是具有工作场所特异性的概念，与特定的职业规范、社会角色、他人期望等因素密切相关。研究发现，教师职业心理健康不仅与其所处的教育教学情境有关，也是其人格特质的外化与投射。因此，提升教师心理健康既要注重教育教学环境建设，更应从教师队伍建设的根本入手，从源头上把好教师职业的心理准入关口，从过程上涵养和优化教师的职业人格。

承林本科毕业于陕西师范大学特殊教育专业，陕西师范大学是我国最早开设特教专业的教育部直属师范院校之一，建有"国家教师发展协同创新实验基地"，长期关注教师职业心理健康与专业能力发展问题。《特殊教育教师职业人格研究》是承林攻读教育博士期间的重要学术成果，掩卷之际，作为导师和第一位读者，我不仅欣慰于他作为一名学者的成熟与独立，更感怀于他作为一名教师的情怀与担当。在此，愿与大家分享点滴感悟：

首先，基于生活找真问题。这既是本研究的起点，也构成了本书的底色。教育工作者往往是敏于事的体悟者，却难于跳脱日常困惑而抛出真正的研究问题；科研人员则多是长于理的演绎者，易耽于学术的精致化而忽略其实用性。作为特殊教育的从业者与训练有素的研究者，承林能够基于日常的实践观察长期记录，不断总结，持续思考，最终透过现象发现有价值的科学问题，于寻常中求不寻常，难能可贵。

其次，秉承科学做真研究。我注意到，一线教育工作者在探讨教育教学问题时，理论思辨与感想经验偏多，科学推理与定量研究偏少。"大胆假设，小心求证"可谓科学研究之精髓。本书围绕研究问题，遵循严谨的心理学研究方法与程序，构建了特殊教育教师职业人格特征模型，开发了特殊教育教师职业人格测量工具，调查了我国特殊教育教师队伍的职业人格现状，结论兼具科学性和实效性，值得推广。

第三，回归实践做真教育。本书由两个大的篇章构成，上编是"特殊教育教师职业人格的实证研究"，下编是"特殊教育教师专业发展的实践研究"。基于实证研究结果，作者提出了针对特殊教育教师队伍建设的系统策略，对于职前职后特教教师的选拔与培养极具现实意义。据我所知，其中一些成果已初步应用于各级各类学校教育教学实际，也做了很多有益的尝试，可资借鉴。

记得在与承林言谈中，他曾说自己 20 余年职业生涯感触最深的有两点：一是做教师要有爱心，更要有专业！这是一名好老师应该具备的最重要的素质；二是做教师要以开放的心态持续学习，不断实践，教育才能常做常新！多年来，承林躬行不辍，履践致远，2007 年被评为"全国模范教师"，2016 年被评为"广东特支计划"教学名师，2019 年作为特殊教育教师唯一代表荣获全国"最美教师" 称号。作为导师，我由衷地为承林感到高兴与骄傲，期待他在学术研究和教育工作中百尺竿头，更进一步，为我国特教事业发展做出新的贡献！

是为序。

游旭群

2021 年初秋于陕西师范大学

前　言

自大学毕业后，笔者便到基层特殊教育学校工作。在特殊教育学校工作的21年里，笔者有机会近距离、长时间地观察"特殊教育教师群体"。笔者发现有些教师不愿在工作中投入精力，还有一些教师在工作中缺乏耐心，对学生态度恶劣，行为粗暴。同时，笔者也注意到，有些教师对工作非常投入，很有耐心，很关心学生，情绪平和。在同样的工作环境中，教师所表现出来的行为差异，引发了笔者的猜测——有的人可能天生适合做特殊教育教师，有的人可能并不适合做特殊教育工作。

由于工作的需要，笔者长时间分管学校的教学、科研和德育工作。在管理工作中遇到的一些现象，更加让笔者觉得先前的猜测需要更深层次的思考和研究。

现象一：近几年笔者有机会直接参与学校公开招聘教师工作，发现对于招聘何种老师，评判前来应聘的准教师是否具备一名合格特殊教育教师的基本素质等问题，主要是凭校长或人事负责人的经验来处理。针对这个现象，笔者与广东、湖南、江苏、陕西的一些特殊学校的校长就招聘问题进行了交流，基本上也都是这样的状态，不同的校长选人的标准不一样，选人的方法也不一样，同一个应聘的人，可能在 A 学校被认为是最合适的，在 B 学校却可能连面试都通不过。校长们普遍希望能有一套聘选老师的标准和科学的测评工具。

现象二：笔者所在的学校从 2001 年开始课程改革，笔者作为教改工作的组织者和参与者，在推进改革项目的过程中发现，工作推进的困难往往不是来自研究的问题本身，而是来自教师对工作的态度。很多教师表示，如果不是因为特殊教育学校教师工作稳定，工资待遇相对较好，他们就不会做这一行了。对于这部分教师对待工作的态度，笔者也尝试用管理措施和文化影响他们，但收效不大。

事件一：有一次在参观兄弟学校时，笔者见到一位教师，在课堂上他面无表情，斜挎着包，感觉根本不想进课堂，随时都想离开教室，见到有同行来参观完全不予理会，似乎连做人的基本礼仪都没了。后来与该校校长交流得知，这位教师是从普校转来的，据其以前的同事反映，原来在单位是个开朗的人，与同事关系也不错，自从来到特殊学校做了培智班的班主任后，整个人渐渐就变了。

事件二：笔者所在的学校曾招收了一名某重点大学的特教专业毕业生。工作的第一年他对工作认真负责，学校也努力创设平台，希望培养他成为骨干老师。但工作一年后他提出离职，理由是他觉得他不适合做特教。后来，他读了研究生，去了普教系统工作，现在工作业务开展得有声有色，自己也觉得很满意。

笔者的工作经历中还有很多类似的现象和事件。无独有偶，通过与其他兄弟学校领导和教师的交流，笔者发现在工作过程中观察到的这些现象和遇到的事件，在其他许多特殊教育学校也同样存在，很多同行都有很深的同感。抛开情感的纠结，如果从学校管理者、或教育行政部门的角度去分析这些现象，这绝不能简单归结为教师个人师德素质不高或学校管理不力，而应该从特殊教育职业本身的特殊性来分析这些现象，找出更深层次的原因。本质上讲，作为教育体系的一个组成部分，特殊教育的任务与普通教育的任务并无二致，都是要教书育人。然而，教育对象的差别导致特殊教育教师在实际工作中，需要应对的情境往往要比普通教育教师应对的情境复杂得多，得到的教育反馈和心理支持却不如普通教育教师多。如果不对从事特殊教育工作所必备的基本素质做深入的研究，将会导致大量的并不适合的人员进入这个行业，其结果将是双重危害：一方面，对已进入但并不适合特殊教育这一职业的教师来说，他们将会面临巨大的压力，甚至严重影响身心健康，降低生活质量；另一方面，这不仅会导致特殊教育学校的管理成本持续增加，还会造成学校的经费和人力资源的浪费和流失，更为重要的是这将会对特殊学生的成长和发展造成非常不利的影响，使本就来之不易的学习机会"葬送"在不合适的教师手上。面对工作中的一些现象产生的思考，让笔者对特殊教育教师应该具备什么样的素质产生了浓厚的兴趣，遂开展了此项较为系统、全面的研究。

申承林

2021 年 6 月

目　录

上编：特殊教育教师职业人格的实证研究

下编：特殊教育教师专业发展的实践研究

上编：
特殊教育教师职业人格的实证研究

由于工作的特殊性，特殊教育教师在教师群体中有几份神秘感。事实上，由于信息渠道的限制和研究方式的局限，即使是特殊教育工作者，对于特教老师的群体也未必有全面和客观的认识。长期以来，特殊教育教师承担了对各类特殊儿童的教育、训练和照顾的工作任务，为特殊儿童更好地进入和融入社会、为减轻特殊儿童家庭的负担、为社会和谐发展做出了贡献。但对于特殊教育教师这个群体具有什么样的特殊的品质和特点，相对其他职业研究比较少。

本书的上编以特殊教育教师的职业人格的实证研究为主题，以职业人格为切入点，试图通过实证的方式对特殊教育教师群体是否具有共同的人格特质展开研究，并试图勾画出特殊教育教师的职业人格画像。为了确保研究的科学性，本书以人职匹配理论和心理学中的人格理论为基础，借鉴了人格研究的相关技术。首先采用文献法和访谈法建构特殊教育教师职业人格特质理论模型，之后基于模型依次进行以下研究：通过项目分析、探索性因素分析、验证性因素分析，探索构建模型内部各因素的拟合情况，并最终构建起特殊教育教师职业人格的结构模型；之后对测验量表的信度和效度进行分析，确定特殊教育教师职业人格问卷；最后对全国特殊教育教师职业人格状况进行问卷调查，对特殊教育教师职业人格与职业承诺、职业倦怠和角色冲突的关系进行分析。访谈法包括个案访谈和问卷访谈，个案访谈49名，其中行政领导19名，优秀教师30名；问卷访谈982名，其中特殊教育学校教师495名，普通学校教师124名，在校大学生363名。特殊教育教师职业人格问卷正式取样1 089名，其中男教师210名，女教师879名，年龄范围为22～60岁，平均年龄为34岁，教龄为1～37年，其中5年以下教龄400人，6～15年教龄383人，16年以上306人。特殊教育教师职业人格特质现状研究取样 3 635 人，其中男教师 696 人，女教师 2 939 人，年龄分布为 20 ～ 60 岁，平均年龄约 37 岁，专任教师 2 957 人，行政领导 146 人，"双肩挑"岗位人员 532 人，初级职称 1 646 人，中级职称 1 476 人，高级职称 507 人，正高级 6 人，有特殊教育专业经历 1 974 人，培智学校 1 214 人，综合性特殊教育学校 2 006 人，自闭症学校 42 人，启聪学校（聋校）325 人，启明学校 7 人，自闭症机构 42 人。参与现状测试的教师也同时完成了职业认同、职业倦怠和角色冲突问卷。

研究发现：（1）特殊教育教师职业人格包含 7 个维度，分别是事业心、效能感、自控力、同情心、进取心、平和心境和奉献精神。基于特殊教育教师职业人格维度的特殊教育教师职业人格问卷共有 36 个项目，分别是事业心 8 个项目，效能感 6 个项目，自控力 6 个项目，同情心 5 个项目，进取心 4 个项目，平和心境 3 个项目，奉献精神 4 个项目。（2）《特殊教育教师职业人格问卷》具有良好的信效度。总量表以及各个因子题项的内部一致性系数（Cronbach's α）在 0.707 ～ 0.952，分半信度系数在 0.721 ～ 0.901，所有指标均大于 0.7。因此，特殊教育教师职业人格预测量表具有较好的内部一致性。经计算获得验证性因子分析指标，结果发现 $\chi^2/df < 3$，GFI > 0.9，CFI > 0.9，RMR < 0.04，RMSEA < 0.08。（3）特殊教育教师职业人格测量结果显示：我国特殊教育教师的事业心、效能感、自控力和奉献精神在性别上存在显著差异；我国特殊教育教师职业人格全部因子得分均存在显著的年龄差异；我国特殊教育教师职业人格全部因子得分均存在显著的地域差异；特殊教育教师职业人格的所有维度在教龄变量上的差异显著；人口学变量中的教师职称对特殊教育教师职业人格中除平和心境之外的其他维度影响显著。（4）特殊教育教师职业人格特质各因素与职业承诺、职业倦怠和角色冲突量表各维度相关性显著，具体情况：特殊教育教师职业

人格特质及其附属维度与职业承诺总分、情感承诺、规范承诺呈显著的正相关，并且各因素相关系数均在 0.35 以上，以特殊教育教师职业人格特质的 7 个维度作为自变量，以特殊教育教师的职业承诺总分作为因变量进入回归方程，方差膨胀系数（VIF）取值在 1.518 ~ 2.834，特殊教育教师职业人格特质中的 6 个维度进入回归方程，依次是进取心、奉献精神、平和心境、效能感、事业心和自控力，多元相关系数为 0.496，联合解释的变异量为 24.6%，其中进取心的解释率最高，为 17.0%；特殊教育教师职业人格特质及其附属维度与职业倦怠总分、职业倦怠中的低自我成就感维度得分呈显著的正相关；特殊教育教师职业人格特质及其附属维度与职业倦怠中的情绪衰竭和去个性化维度得分呈较显著的负相关，以特殊教育教师的职业倦怠总分作为因变量进入回归方程，进行多元逐步回归分析，VIF 取值在 1.349 ~ 2.566，特殊教育教师职业人格特质中的四个维度进入回归方程，依次是效能感、同情心、事业心和自控力，多元回归系数为 0.204，联合解释的变异量为 4.2%，其中进取心的解释率最高，为 3.3%；特殊教育教师职业人格特质及其附属维度与角色冲突总分呈显著的负相关，以特殊教育教师的角色冲突总分作为因变量进入回归方程，进行多元逐步回归分析，VIF 取值在 1.595 ~ 3.029，特殊教育教师职业人格特质中的 7 个维度全部进入回归方程，多元回归系数为 0.466，联合解释的变异量为 21.7%，其中事业心的解释率最高，为 17.5%。

研究认为：（1）探索性因子分析结果与量表编制者的理论构想基本一致，经验证性因子分析表明，测量数据与构建模型之间拟合合理，7 个维度模型结构稳定、可靠，本问卷可以作为测评特殊教育教师职业人格的工具；（2）通过考察 Cronbach's α 系数，分半信度，表明量表具有良好的信度；（3）通过文献法、访谈法以及听询专家意见等方法，考察量表的内部一致性、验证性因子分析保证问卷具有较好的内容效度和结构效度；
（4）我国特殊教育教师职业人格总体状况良好，但在性别、年龄、地域、
教龄、职称等方面的水平有差异；（5）通过分析职业人格量表与职业承诺、
职业倦怠和角色冲突量表各因子之间的相关性，验证了特殊教育教师职业
人格量表的信度和效度，表明特殊教育教师职业人格问卷对特殊教育教师
的工作适应性具有很好的预测功能；（6）特殊教育教师职业人格量表可
广泛用于特殊教育教师的选拔、培训、评估。

第 1 章　特殊教育教师职业人格研究的基础

1.1　研究背景

1.1.1　特殊教育发展的趋势要求选拔适合的人员成为特殊教育教师

百年大计，教育为本；教育大计，教师为本。教育是推动人类历史进步的重要因素，只要有教育，教师这个职业就会一直存在。教育的有效性在很大程度上取决于教师的能力和素质，要办好人民满意的教育。不断提高教师的素质是一项具有战略意义的基础工作。1993 年颁发的《中国教育改革和发展纲要》指出："振兴民族的希望在教育，振兴教育的希望在教师。"特殊教育是我国教育体系的重要组成部分，而特殊教育教师肩负着促进残疾人全面发展、促进社会公平正义的重要责任（汪碧云，2013）。2010 年颁发的《国家中长期教育改革和发展规划纲要（2010—2020 年）》对于特殊教育发展和教师队伍建设做出了要求，强调要从教师培训的量和质两个方面加强特殊教育教师队伍建设，促进特殊教育教师专业水平的提升。为进一步推动特殊教育教师队伍的建设，2012 年颁布的《关于加强特殊教育教师队伍建设的意见》中提出十六字发展方针，要求到 2015 年，特殊教育教师职业的吸引力进一步增强，数量基本满足办学需要，到 2020 年，形成一支数量充足、结构合理、素质优良、富有爱心的特殊教育教师队伍。2014 年 1 月，国务院办公厅转发《特殊教育提升计划（2014—2016 年）》，进一步要求"提高教师专业水平"。2017 年 7 月，教育部等 7 部门印发《第二期特殊教育提升计划（2017—2020 年）》，该计划要求加强专业化特殊教育教师队伍建设，不断提升特殊教育教师队伍的质量，到 2020 年，所有从事特殊教育的专任教师均应取得教师资格证。2018 年 2 月，《教师教育振兴行动计划（2018—2022 年）》颁布，明确要求要重视教师教育工作，要通过对教师教育院校的扶持，提升教师教育的质量，强化师德建设，为教育的持续发展和高质量发展提供人才支撑。我国政府对特殊教育教师队伍建设的一系列政策表明，国家将教师队伍的建设视为特殊教育发展的关键因素。有好的教师，才有好的教育，有好的特殊教育教师，才有好的特殊教育（王雁等，2012）。

根据《国家中长期教育改革和发展规划纲要（2010—2020 年）》（下面简称《规划纲要》）的要求，到 2000 年，基本实现地市和 30 万人口以上、残疾儿童较多的县都有一所特殊教育学校。《第二期特殊教育提升计划（2017—2020 年）》（下面简称《提升计划》）要求到 2020 年，残疾儿童少年义务教育入学率达到 95% 以上，非义务教育阶段特殊教育规模显著扩大。随着《规划纲要》和《提升计划》的落实，特殊儿童的入学率得到了实质性提高，特殊教育教师的规模也不断扩大。有学者研究认为，如果我国要完成九年义务教育的全面普及工作，特殊教育教师的数量需求将达到 10 万名（顾定倩，杨希洁，江小英，2014）。据统计，"2019 年我国特殊教育学校专任教师人数为 6.24 万人"，按照师生比 1：2 推算，专任教师缺口为 7.4 万，未来 5～10 年，随着特殊学生类别增加，程度加重，融合教育的发展，特殊教育专任教师的需求数将会持续增加，预计将有 10 多万专业人员加入到特殊教育教师行列。为应对巨大的发展需求，国家也采取了一系列积极有效的措施，一方面，通过政策引导，让更多非特殊教育专业的毕业生进入特殊教育教师队伍，另一方面，在高校特殊教育专业扩大招生数量方面给予政策支持，增加特殊教育教师数量。据统计，2015 年 3 月，教育部专门印发《关于进一步扩大特殊教育教师培养规模的通知》，要求通过招生计划增量安排或存量调整，扩大特殊教育专业培养规模，加大特殊教育教师培养力度。设置特殊教育本科专业的高校也从 2009 年的 20 所扩展至 2019 年的 61 所，增幅达 205％，但全国范围内师资紧缺的局面依然存在。未来 10～15 年新增的特殊教育教师将成为中国特殊教育发展的主力军，这批人员的素质将在很长的时间（20～30 年）内影响整个特殊教育的质量。因此，让什么样的人进入特殊教育行业，成了特殊教育发展中必须要认真对待的问题。目前，这一问题已经在北京、上海、江浙及广东等经济发达的地区凸现出来，而在这些经济发达地区，特殊教育师资数量得到满足后，更加关注教师专业发展及其内在动力（李里，2019）。由于经济发展水平比较高，这些发达地区特殊教育投入也比较高，相比于中西部地区，特殊教育学校拥有良好的资源，这也导致特殊教育专业的毕业生向这些地区聚集。面对供大于求的局面，这些地区的特殊教育学校正面临着以什么标准和方法来选拔教师的问题。而随着国家一系列关于特殊教育的政策的落实，发达地区目前面临的教师选拔问题也将会成为中西部地区特殊教育学校未来要面临的问题。

随着特殊教育的发展，残疾儿童没学上的问题将逐步得到解决。但随之而来的是特殊教育的对象类别将会增加，残疾程度也会加重。这种变化趋势要求从事特殊教育教学工作的教师需要不断提升自身综合素质。未来的特殊教育教师面临的工作挑战和压力将会更大，要适应这种新的局面，需要在源头上对教师的素质进行把关，否则，大量不适合的人员进入特殊教育教师队伍，将会给特殊教育学校管理带来巨大压力，甚至会成为伤害学生的定时炸弹。

参天大树的成长需要阳光、雨露的滋润，但若没有好苗子，即使再充沛的阳光和雨水也不能使之成材。这个道理放在特殊教育教师的成长上也一样适用，一名好的特殊教育教师的"长成"，需要入职前的专业学习，也需要入职后的专业支持，包括优质的课程、培训的机会、发展的平台、良好的人际氛围等，但前提是他要具备适合做特殊教育的素质。教师成长研究显示，随着我国教师规模的不断扩大，教师数量在不断增长，与此同时，教师的师德问题也变得更加重要，心理健康问题越来越突出，正在成为教育发展中不可回避的问题（张茂聪和李拉，2008）。谢费（Schaefor，1971）、林塞（M. Lindsey，1980）发现教学中成功率高的教师具有为人善良、和蔼可亲、易与学生相处、善于关心和帮助学生的品质——这些研究说明开放的、宜人性水平高的教师对学生发展是有促进作用的。目前，还没有对特殊教育准教师人格方面的调查，但一项对普教准教师的调查显示，师范生中完全符合和比较符合宜人性倾向性要求的只有50%，有近15%的学生不太符合或完全不符合。这说明师范生中利他、友善、热心的特点不够突出，支配别人的欲望较强等（程巍，2008）。关于如何应对教师成长中遇到的一系列问题，学界将更多关注点放在了影响教师成长的"后天因素"上。20世纪60年代，联合国教科文组织对教师的专业化问题进行了专门讨论，认为与其他职业一样，教育也应该被确定为专业，这被认为是教师专业化讨论成为热潮的标志（陈方，2005）。相比之下，对于教师成长的"先天因素"的研究却比较鲜见。受到普教教师专业化研究的影响，特殊教育领域教师的专业化问题也成为热点，而从事特殊教育工作人员的"职业基因"也同样缺乏研究。

1.1.2 职业特点要求特殊教育教师的选拔必须将人格作为核心维度

特殊教育的发展为特殊学校提出了一个现实的课题——选拔合格的人员进入教师队伍。但选拔要以什么为标准，却是一个需要探讨的问题。目前，从人才测评的相关研究和教师发展的研究来看，职业资格标准和胜任力被普遍作为选拔的依据，将这两种方式应用到特殊教育教师的选拔上来是否合适呢？在此，有必要从这两类标准本身的特点和特殊教育职业的特点两方面来进行分析。

首先分析教师职业资格制度的情况。职业准入制度是职业发展的必然前提与要求，是对从业人员在资格上的规定（张茂聪和李拉，2008）。《国务院关于加强教师队伍建设的意见》要求在教师队伍的管理中试行教师资格申请和考核、试行准入制度。在具体操作方面，教师教育专业课程和教师能力应达到的水平需要具备配套的工作方案和操作标准，但此项工作还在推进当中（吴小伟和郑刚，2013）。由于缺乏更加具体的配套制度，我国出现了教师准入条件偏低、认证标准不统一、认证标准笼统宽泛的问题。对于特殊教育教师准入标准，英国、美国、澳大利亚、加拿大等国家都有专门规定，但主要以是否获得普通教育教师资格证书、是否完成新教师培训，以及应该具备的专业知识和技能作为标准（李艳和昝飞，2009）。

2015 年 8 月，教育部出台《特殊教育教师专业标准（试行）》，对特殊教育教师提出了基本的专业要求，并将其作为特殊教育教师实施教育教学行为的基本规范、指导特殊教育教师专业成长的工作标准、培训和考核等工作的重要依据。《特殊教育教师专业标准（试行）》的颁布无疑为特殊教育的职业准入给出了指引，但从该专业标准的内容来看，相对而言比较注重知识能力等素质，忽视了个体的兴趣、个性品质及职业倾向性的要求。也就是说，但凡具备了基本条件的人员都可以通过参加教师资格考试成为教师，而获得教师资格成为教师，与能否适应教师的岗位、能否成为优秀的教师却并不是一回事。组织行为学研究认为，只有当个体与自己从事的职业相匹配的时候才能获得最佳的绩效，才能获得更强烈的工作价值感，因此，要想成为一名合格，甚至优秀的特殊教育教师，需要在一开始的时候就要确定是否人职匹配（张茂聪和李拉，2008）。

再来分析胜任力。美国心理学家 David McCleland 于 1973 年首次提出"胜任力"概念，认为胜任力是一种能显著区分个体优秀与一般绩效的特征，这些特征是深层次的，包含了个体的动机、特质、态度、价值观，甚至某领域的知识和能力，这些特征是能够被测量的（高田钦，2005；马芳和石学云，2010；李强，2010）。教师胜任力的评价具有培训职能和"守门"职能，现代的胜任力评价关注教师的职业的生涯的全过程，这一变化削弱了"守门"功能。虽然这一变化趋势更好地关注到了教师的发展过程，但对于"入门"的人是否都是合适的，特别是应该具备的从事某个职业的胜任力，并且可预测的个体特征被削弱甚至忽视了，而这一点对于特殊教育的教师而言却是非常重要的。

显然，目前国际、国内的特殊教育教师的职业资格标准和胜任力模型都不能很好地解决如何选拔适合特殊教育的工作者的问题。适合特殊教育教师职业的人到底需要什么样的素质，其核心是什么？现代人才测评理论认为，工作分析可以得到胜任该项工作需要具备的基本任职资格和能力素质要求（苏永华，2011）。特殊教育教师作为教师职业中的一个特殊群体，应该具备教师的一般要求。顾明远认为，教师的职业具有四方面的特点（顾明远，2004）：一是教师工作是复杂脑力劳动；二是具有极大的创造性和灵活性；三是具有鲜明的示范性；四是具有长期性和长效性。从工作对象、工作过程、工作环境、工作结果四方面分析，笔者认为特殊教育工作除应具备普通教育教师工作特点外，还要具有以下特点。

一是高压力。压力是指机体对外界刺激的反应，包括生理反应和心理反应。多数研究认为，特殊教育教师的心理健康水平不容乐观，并存在一定程度的职业倦怠问题。王玲凤对特殊教育教师的职业压力状况进行了调查研究，并与幼儿教师、医生、民工的职业压力进行了比较（赵小红和王雁，2012；王玲凤，2005a；王玲凤，2005b；王玲凤，2007；王玲凤，2009）。研究发现，相比于其他职业，特殊教育教师体会到的职业压力更大，体会到中等程度压力的特殊教育教师、幼儿教师、医生和民工的比例分别是61.3%、39.2%、19.15%、18.3%，体会到重度压力的比例分别是5.6%、4.7%、2.13%、1.3%。丁相平、崔艳萍和魏雪寒（2012）对山西省特殊教育教师的职业压力状况进行了调查，发现有60.59%的特殊教育教师感到工作压力大。徐美贞（2004）研究发现，特殊教育教师心理问题比较严重，SCL-90的得分显著高于全国常模，25.6%的特殊教育教师具有轻度及以上的心理问题。申仁洪（2007）和于红莉的研究也印证了徐美贞的研究结论。刘在花（2011）就特殊教育教师的职业压力状况对北京市某培智学校的教师进行了访谈，结果发现一线教师觉得是教材编写难度大、学生教学难度大、学生管理难度大让特殊教育教师觉得职业压力很大。张胜利（2014）

等人对吉林省特殊教育教师进行了调查，由于特殊教育工作的复杂性和教育对象、教育策略、教学资源，以及工作环境等方面的特殊性，研究者发现近20%的特殊教育教师因为觉得不能受到足够的尊重而不愿意让别人知道自己的职业，甚至有特殊教育教师认为这个职业影响了婚姻，在工作中体验最多的是紧张，感受不到进步。分析认为，特殊教育工作本身的特殊性是根本原因，而对特殊教育发展支持的不足是导致教师的数量和质量受到影响的重要原因。周厚余（2016）进一步发现，特殊教育教师在教育过程中会体验到更多挫折，很难像普通教育教师那样因为学生的成才、取得成就而体验到强烈的成就感。相比之下，特殊教育教师不但缺乏成就感，还有很大的心理压力。从以上的研究结果可以看出，由于教育对象存在身心障碍，特殊教育教师不仅面临工作本身的压力，还要应对外界因为对特殊教育职业的不理解而产生的压力。

二是低成就感。杨柳和孟万金（2013）的研究显示，在特殊教育工作中，教育对象的身心障碍导致特殊教育教师在工作中要付出更多的时间和精力，而工作过程又是相对烦琐和单调的，长时间的教育过程会让特殊教育教师感到艰辛，而学生微小的进步与高强度的身心投入，会让特殊教育教师对自己的工作价值产生怀疑。潘晓益（2006）在对智力落后学生的家长的调研中发现，家长们普遍觉得智力障碍的学生并没有得到真正的尊重，根本原因还是全社会并没有从内心上接纳残疾人，这也间接造成了特殊教育教师的压力。在王姣艳、郁松华和陈洁（2011）的叙事研究中发现，社会上对培智学校教师经常会用"伟大""神圣"来形容，但在现实中，这些评价让一线的特殊教育教师感受到的是人们行为与认知的冲突，理性并没有主导情感和行为。周正、韩悦（2014）对黑龙江特殊教育教师的自我效能感进行了研究，研究发现：由于特殊教育教师工作在学生成长中显现出的成效具有迟效性和内隐性，工作成果评估难度大，进而造成社会认可度低，导致自我效能感降低。张峰（2017）的研究表明，由于教育对象的特殊性，特殊教育教师在工作中需要付出更多的爱心、耐心，同时还要承担护工、保育员等非教学工作，所以情感付出和工作压力比普通教师更大。但是从其教学内容和环境来讲，特殊教育教师体会到的工作成就感与价值感却更少，因而其工作满意度也更低。张胜利等人对吉林省特殊教育教师进行调查，教师们认为"大多数时间自己是学生的保姆而非教师"（张胜利，贾君，李慧，2014）。得天下英才而教育之，这是从古至今所有从事教师职业的人的理想，但从事特殊教育工作的教师，尤其是教育对象是发育迟滞的特殊儿童的教师，在其教育生涯中很难体会到普通教育教师坚守三尺讲台，三十载耕耘，桃李满天下的成就感。虽然不能体会"桃李满天下"的成就感并不代表体验不到工作的价值，但对于特殊教育教师而言，要面对这一现实需要更多的勇气和智慧。

三是少精神交流。何二毛（2014）认为师生关系是一种教师和学生之间的心理关系，表现在情感、认知和行为交往中，是教师在教学活动中与学生建立的一种最基本、最主要的关系。一方面，由于身心缺陷，特殊儿童的语言发展水平比普通儿童低，特别是听障儿童和智障儿童的语言较正常儿童有明显差异。语言是人类沟通的工具，是情感交流的桥梁。学习和掌握语言的过程本身就是个体对社会关系的理解和把握过程。特殊儿童语言习得的低水平，本身就限制了其对社会关系的把握，进而也限制了其人际交往的水平；另一方面，由于自身生理限制和环境、经历的特殊性，特殊儿童在情绪和情感的发展方面表现出与普通儿童不同的特点，特殊儿童高级情感发展缓慢，程度不高，行为受情绪的控制较多，导致其在日常教学活动中，与教师之间的精神交流处于低水平的状态，教师往往占据绝对的主导地位，学生往往是被动交往。周厚余（2016）研究发现，在特殊教育教师群体中有一些奇怪的现象，听障教育的教师比较沉默寡言，喜欢打手语，而智障教育教师经常会有一些反应迟钝的表现，这些现象给人的感觉是特殊教育教师似乎有一些特殊的"职业病"。总之，特殊教育教师与学生之间的精神交流较之普通教育，表现得水平较低，程度不高。教育是人影响人的过程，语言和情感是这一过程的中介和催化剂。对于特殊教育教师而言，在面对教育对象时，语言通道不畅通，情感交流水平低，长时间处于这样的环境，其心理素质、情绪调节能力也面临着考验。

四是高情感付出。周厚余（2016）研究发现，相较于普通教育乃至其他职业，特殊教育有其特殊性，学生在情绪和社会行为方面的问题会导致特殊教育教师要调动更多的情绪和情感来应对，这是一种高情绪劳动工作。田学红、周厚余和陈登伟（2009）对特殊教育教师的情绪劳动状况进一步研究发现，特殊教育教师会使用到情绪劳动的三种策略，大多数教师大多数时候会使用自然表现策略，这是基于特殊教育教师的社会责任和良知，但如果持续地在工作中遭遇挫折，特别是面对教学中的低效能感，会让特殊教育教师调动深层表现的策略来应对，要不断告诉自己工作的神圣和伟大，从而激发行动的动力，还有一种情况会用到表面表现的策略，就是在遇到学生情绪行为的时候，必须要控制自己的情绪，这个时候，特殊教育教师必须要伪装自己的情绪。2009年6—12月，浙江师范大学受国务院参事室委托，选取天津、吉林、江苏、浙江、河南、贵州、甘肃七省（市）为对象，组织了"中国教育队伍建设"的大型调研。调研中，特殊教育学校教师普遍反映，工作压力大，成就感低。由于特殊学校的学生是身有残疾的孩子，教师不仅要保证学生安全，全程陪护，时刻让学生在自己的视野内，还要培养学生的自理能力，增强学生的自尊与自信，既需要专业技能和技巧，又需要极大的耐心和爱心，工作量很大，且提心吊胆。同时，教育对象的特殊性决定了特教学校很难造就优秀人才，因而从事特教工作缺少从事普教事业那种桃李满天下的自豪感和成就感。有教师坦言，教的时间越长越失落，有时觉得很憋屈（梅新林和吴锋民，2011）。

特殊教育教师的现实生存状态令人担忧，更令人深思。特殊教育本身的特殊性对进入这一职业的人员提出了特殊的要求。必须承认，就像人的发展受到环境和遗传因素的双重影响一样，一名好的特殊教育教师的成长也同样是这两种因素共同作用的结果。前文所述的各种研究结论的相互印证说明，导致特殊教育教师压力大、缺乏成就感、缺乏情感交流等的问题根源是特殊教育对象的特殊性引发的特殊教育职业本身的特殊性。杨立恒和石文典（2006）的研究发现，在人力资源管理中，越来越强调人与事的匹配，而且这种匹配的维度越来越多，不仅强调人与岗位的匹配，还强调人与职业的匹配。其基本原理是要让个体的心理特点与职业的要求相匹配，找到彼此互动的最佳效果，从而让个体能在工作中充分发挥自己的优势，提高工作的效率，最终促使个体获得职业的成就感，否则，不仅会让个体感受到挫败感，还会给组织造成管理成本的耗费和低效率。美国教育家戴尔·卡耐基曾对各界名人做过调查，他发现，这些名人的成功主要归功于良好的人际关系处理能力和人格素质，而学识和专业能力不应该被高估。正如爱因斯坦所说："智力上的成绩，依赖于性格的伟大，这一点常常超出人们的认识。"基于这样的认识，冯维、裴佩和曹燕（2008）进一步研究认为，特殊教育教师在工作中确实面临着特殊的困境，而未能具备从事特殊教育工作的良好先天素质是重要原因，应该从特殊教育教师的人格因素入手来思考解决这些困难。所以，在所有先天因素中，人格因素应该成为研究者关注的核心。

1.2　相关研究现状

对职业人格的研究是当代心理学、人力资源管理等学科的研究热点。对职业人格的研究可追溯到对人格问题的探讨。在我国古代，最早关于人性的争论就是对人格问题的探讨。孔子不仅认识到人与人之间人格上的差异，还探讨了影响人格形成的因素或条件，以及完善人格的方法与途径（郑雪，2007）。我国古代不仅重视对人格内容的研究，还特别重视人才测评，最早见于《尚书·尧典》的关于唐尧对舜经过考察而让位给舜的故事就是典型事例。在西方，对于人格的研究也有悠久的历史，苏格拉底提出人要"认识自己"，也就是说人要认识"真正的我"。后来柏拉图和亚里士多德继承和发展了苏格拉底的人性论。到了欧洲封建社会末期，出现了人文主义思潮，人文主义认为人的本性是人的自然性。随着工业革命的到来和不断推进，社会分工不断细化，职业开始形成并走向专业化，将人格和职业联系在一起研究就成了一种必然。1959 年霍兰德以自己的职业咨询经验为基础提出了一种关于职业选择的人格类型理论（the vocational personality theory）。1985 年，他在其著作《做出职业选择》中全面论述了他的理论。至此，职业人格理论正式、完整地构建起来。以此为基础，国内外众多学者在不同职业领域开展了职业人格相关的研究，教师职业也逐步成为研究的重要领域。具体开展的研究情况综述如下。

1.2.1　职业人格概念及其在非教育领域研究情况

从词的来源分析，"人格"一词来源于古希腊的"Persona"，意指演员所带的面具。瑞士精神分析学家卡尔·荣格指出，人格应该包含两个层面：一个层面是人格的表层，即"人格面具"，意指一个人按照别人希望他去做的方式行事，也就是角色扮演；另一层面是人格的深层，即"真实的自我"，其中包含着人性中的阴暗面（陈少华，2010）。到20世纪90年代，西方学者还在争论人格的内涵和本质。杰里·伯格认为，人格不仅是指发生在个体身上的、稳定的行为方式，还包括个体与他人交往时的认知过程。劳伦斯·普汶则认为人格就好比人的身体一样，是先天素质和后天经验相互作用的结果，包含结构与过程。在中国，"人格"往往还具有法律和道德的含义。事实上，古汉语中并无"人格"一词，在西语中，"人格"并没有道德（以及"道德高尚"与否）的含义。它首先是一个事实性的概念，而不是一个评价性的概念（郭永玉，2005）。

人格特质与职业相联系这一说法由来已久，职业心理学家的研究已被大多研究者所接受，但一直以来并无系统的理论。20世纪初，美国就开始了职业辅导运动，以帮助就业者认识自己的兴趣和能力，从而更好地适应工作岗位，这一运动促成了职业生涯理论的诞生。早在1959年，美国心理学家霍兰德（John Holland）就在其职业人格理论中，对职业人格的概念有所概述。1985年，霍兰德提出了工作类型理论，他认为职业人格是与其职业性质相匹配的人格特征，不同的职业种类会有不同的人格类型与其相匹配（赵鑫，王艳，2009）。霍兰德将人格分为现实型、研究型、艺术型、社会型、企业型和常规型，每一种人格类型拥有不同的人格特质，在人格特质的作用下，每个人都有相应的职业兴趣并适合从事一定的职业，霍兰德职业兴趣理论的发展逐渐在人们的职业选择和规划上发挥出重要的作用（Gottfredson，1999）。除此之外，大五人格（OCEAN）模型也在职业人格研究中贡献良多。大五人格理论又被称为人格的海洋，认为人格可分为开放性（O）、责任心（C）、外倾性（E）、宜人性（A）和神经质性（N）五种类型，这一模型在职业人格研究中的运用最为广泛（Hogan 和

Roberts，1996）。

在我国，早期对职业人格的研究在不同领域开展。杨晔、郝玉芳（1997）等人对护士的职业人格研究认为，护士职业的理想人格包含高度的责任心、行为的严谨性、情绪的稳定性，还有充分的信心、独立性。马秋枫（1999）对新闻工作者的职业人格进行研究，认为新闻工作者应该具有独立的意识，还要有宽厚的人性、包容性。梁丽萍（2001）对企业职工的职业人格进行研究，认为在现代社会里，职业人格是一种独立的、竞争的、充满生机的个体素质。徐玉明（2002）等对警察的职业人格进行研究，发现警察作为一种特殊的职业，人格结构涵盖了五个主要维度：责任感、敢为外向、开放性、理智现实、成熟机警。王芙蓉（2006）等人对军官的职业人格进行研究，旨在构建军官职业人格量表，发现军官职业人格分为武德才能和人际自我两个维度。黄耀宁、吴建玲和谭健烽（2007）对医学生的职业人格特质进行调查分析发现，与全国常模相比，医学男生在稳定性、敢为性上高于常模，在独立性、实验性上都明显低于常模，男女生在主要职业人格特质上除了稳定性外都低于常模。徐晶晶（2008）对国内领导干部的职业人格特征进行研究，16PF 的测试结果发现，中青年领导干部的人格特征主要表现为开朗热情、情绪稳定、理智现实、信赖随和、注重人情、自律严谨、敢做敢为、自信沉着、适应良好、办事老练。王真真（2010）等人用卡特尔 16 种人格问卷对飞行员的人格特征进行研究，发现飞行员的聪慧性、稳定性、恃强性、兴奋性、有恒性、敢为性、世故性、实验性和自律性明显高于高中男生常模，通过因子分析提取出了飞行员人格特征的四个因素：自我控制性、控制他人性、独立自主性和感情冲动性。

除了对职业人格内涵的研究，国外在职业人格的量表方面也有专门研究。国外有研究者根据一些职业的特殊性而编制了相应的测量工具，应用比较广泛的是军事领域。军队的职业人格研究中，比较常用的有阿姆斯特朗航空人格调查表（ALAPS）、空军自我描述问卷（AFSDI）、计算机自适应征兵人格量表（INCAPS）。蔡圣刚、温鸿博和高超（2005）采用经典的卡特尔 16PF 人格特征测验，对 298 名来自上海和广州的地铁驾驶员进行职业人格特征研究，研究结果发现，与全国成人常模比较，地铁驾驶员具有行业独特的职业人格特征。进一步运用因子分析技术发现，我国地铁驾驶员的职业人格特征主要由自制性、支配性、自立性、现实理智、社会智能五个因素构成，它们解释了总变异的 60.162%。陈宜安（2006）应用卡特尔人格测试量表对福建、江苏两省 312 名职业经理人进行了测试，对测试结果进行 t 检验，结果显示，职业经理人群体在人格方面存在显著特征，相对于普通人常模而言，职业经理人群体的人格特质为外向乐群、情绪稳定、支配性强、自信开朗、主动敢为、富于想象、精明世故、自律严谨、理性务实、喜欢合作、依赖随和、心态平和。

为了把握职业人格研究的总体趋势，以"职业人格"为主题词对文献进行检索，发现职业人格研究自 20 世纪 90 年代末开始呈上升趋势，2006 年以后达到高峰。与职业人格研究相关的学科排名中，职业教育排在第一位，依次为医学教育、高等教育、教育管理、心理学。从文献的增长趋势和研究的相关学科可以看出，职业人格的研究已得到学界的重视，而且成为多学科研究的热点。

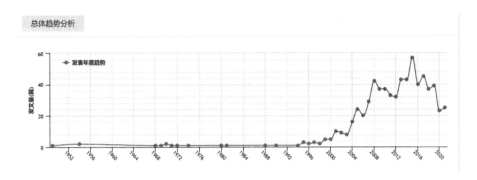

图 1-1 职业人格学术关注度趋势图

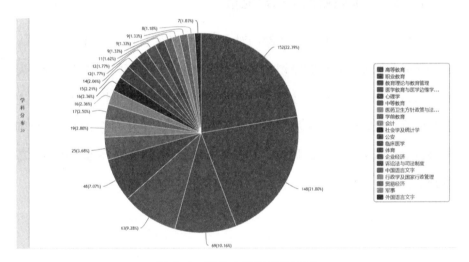

图 1-2 职业人格学科分布图

通过上述文献的分析，可以得出以下几点结论：一是职业人格研究至今历经百年，但学界仍未形成一个权威和统一的职业人格理论（顾波和韩宜，2014），因此，本研究在开展过程中有必要对职业人格的概念进行界定，并基于本研究进一步探讨职业人格的内涵，丰富职业人格的理论；二是国内外关于职业人格的研究在非教育领域已经产生了大量成果，这些成果不仅涵盖了职业人格的概念、不同行业职业人格的结构，还有针对不同职业的职业人格测量工具的开发，这些研究的成果对于开展本研究具有重要的启示；三是不同行业领域对职业人格的研究及应用效果说明，对于不同职业的职业人格结构的研究，对于组织以及组织中的个体都具有积极的意义。当然，从上述的研究中发现，虽然诸多行业都针对职业人格开展研究，但总体而言存在四个方面的问题：一是实证性研究比较少；二是研究的样本量比较少；三是研究与实践的结合度不够高；四是国内研究缺乏专门的工具，大多采用国外的工具，存在文化偏差。

1.2.2 教师职业人格的研究情况

以"教师职业人格"为主题词对文献进行检索，可以看出教师职业人格的研究与职业人格研究密切相关，随着职业人格在不同领域研究的扩展和深入，逐步进入教师职业领域。数据显示，教师职业人格的研究文献主要集中在 2005 年以后并达到顶峰，这说明教师职业人格的研究正在得到越来越多学者的关注。教师职业人格的研究在学科分布上主要集中在教育管理上，依次为高等教育、中等教育、职业教育和体育。

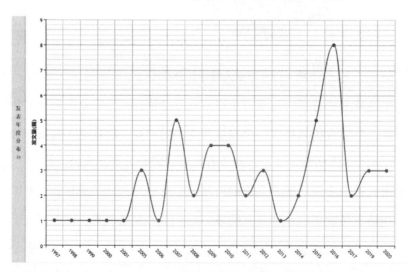

图 1-3　教师职业人格学术关注趋势图

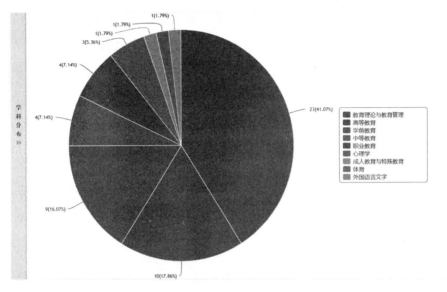

学科分布》

图1-4 教师职业人格学科分布图

人格概念被引入教师职业后首先形成了教师人格的概念。国内研究者在很多时候将教师人格和教师职业人格等同起来，但随着研究的深入，教师职业人格的概念越来越清晰。近二十年来国内学者对教师人格的研究，发现其主要有两个层面。首先从教师人格与教育的关系来讲，主要涉及教师人格与学生人格之间的关系（刘恩允和杨诚德，2003）、教师人格与学生学业成绩之间的关系（陈益和李伟，2000）、教师人格与职业倦怠（梅余奇，周艳，2008）、教师人格与心理健康及师生交往的关系（傅伟忠和翟正方，2000；王少华，2000）等，这些研究都显示出教师人格对学生人格、学生学业成绩与其本身的心理健康状况及师生关系不同程度的影响，故教师人格研究对教学实践及推动中学素质教育都具有不可忽视的作用和价值。其次，从教师人格本身的特点来讲，前人主要研究了优秀教师的典型人格特点，如早期谢千秋（1982）等人采用间接调查发现，90年代的学生最喜欢的优秀教师的前几条特征是热爱、同情、尊重学生；知识广博，肯教人；耐心温和，容易接近等。而吴光勇（2003）等人对现代中学生的研究发现，学生理想的教师人格是符合教师角色、体现时代精神、具有自觉意识等。也有人采用对教师人格直接评估的方法研究了优秀教师的典型人格特点，如邢少颖（2002）等人采用人格量表评定了优秀的幼儿教师与普通的幼儿教师的差异特点。廖关玲（2002）等人从教学技能角度考察了优秀教师的人格特点，另外，还有许多研究从教师的年龄、教龄、性别及学历等人口自变量的角度对教师人格特征做过比较。进一步对文献的分析发现，教师职业人格的研究有一个从关注教师人格到教师职业人格的过程。

首先考察教师人格研究的情况。龙兴海（1983）认为，教师应该加强自身的修养，锻造心灵美和人格美，努力塑造崇高的理想、高尚的情操、无私的灵魂。卢传裔（1988）认为，教师要完成好教育教学工作，教师的服从人格至关重要，应该努力引导教师形成服从人格。韩向前（1989）认为，教师人格与教师的教育实践密切相关，好交往、乐观、热诚等是教师人格的外倾特征，是在长期的教育实践中形成的。刘焕平（1992）认为，对教师人格的探讨要从教学中教师与学生的关系入手，体现在四个方面：历史使命、信仰传播、教书育人的知识与能力，以及高尚的审美追求。王兰英（1995）认为，在教育情境中，学生、教师、家长的社会交往活动会形成教师的形象，教师的人格由其身理特征、心理特征及思想特征等组成，教师的人格是一种影响物质文明和精神文明的力量。于淑云（1997）认为教师的人格是完成教育的基础，教育的真谛是育人，育人的核心是塑造人格，作为人类文明的传递者，教师要塑造高尚的灵魂。王萍涛（1999）认为，教师的人格是所有教师的必修课，理想的教师人格要充分体现教师职业的社会职能，教师的人格既要从时代出发，也要着眼于人的发展的终极目标。

陈菊明（2005）认为，教师的人格对学生具有非常重要的影响，教师人格包含优良品质及意志结构、稳定的道德意识和个体内在的行为倾向。游伟、徐秋云（2008）等认为教师人格是在教育活动中形成的优良的情感意志、合理的职能结构、稳定的道德意识和个体内在的行为倾向。王延伟（2012）认为教师积极的生活态度是积极人格的基础，积极的情感体验能提升教师的幸福感，积极的价值观能提升教师的专业化发展。王戎（2015）等人认为，教师的人格是教师的全部，良好的人格不仅表现为对真理的追求，还有对学生的热爱，以及渊博的学识和才干。连坤予、谢姗姗和林荣茂（2017）研究认为，教师的人格对于学生的成长具有重要作用，良好的教师人格不仅有助于学生成绩的提高，也有助于心理健康。总体来看，无论是从教育行业内部，还是从社会角度来看，教师的人格对于教育工作的重要作用不言而喻，但对于教师人格的内涵，不同的学者有不同的认识，而且随着时代的发展，也在不断地演变，引入职业人格的概念来进一步丰富教师人格的内涵就是一种重要的趋势。

再来看教师职业人格研究的情况。从国内近20多年来有关教师职业人格研究的文献来看，教师职业人格的研究总体上来看还处于探索阶段，在教师类别上以普通教师为主，缺乏细致的分类，另外，在研究的内容上以人格结构和量表编制为主，在方法上采用心理学方法的比例还不高，大多还是以经验性的总结、思考为主。从文献来看，比较早的专门探讨教师职业人格的是马兰芝。马兰芝（1996）对高师生的职业人格培育问题进行了探讨，认为高师生的职业人格就等同于教师人格，区分了个体的一般人格和职业人格，强调了教育对人格的影响。随后，盛小兰（1998）在研究中对教师职业人格进行了明确的定义，认为教师作为社会人，都有独特的人格，但当教师担负了教书育人的职责后，个体的人格就会与教育过程形成联系，在这个过程中，教师的职业人格也就产生了，所以盛小兰非常强调教师的职业人格是在从事教育工作中所应该具备的职业品质特征和行为倾向的综合，这也是从心理学的角度较早地对教师职业人格的内涵进行了界定。程巍（2000）进一步对教师职业人格和教学之间的关系进行了研究，认为教师的素质不仅来自后天的培养，也与是否适合从事教师这个职业有关，应该对教师从职业人格的角度进行测试和选拔，并提出了教师职业人格倾向性量表的五个维度。黄鸿鸿（2005）进一步对高校教师的职业人格进行研究，其中对教师职业人格的概念进行了界定，与盛小兰提出的概念相比，其更强调胜任教师职业所需的品质，对于高校教师职业人格的组成部分，从个体的倾向系统、特征系统和调节系统三方面提出了六个方面的内容。随着研究的拓展和深入，学者们对教师职业人格的理论探讨也进一步加深。董吉贺（2007）对教师职业人格价值与养成进行探讨，认为教师职业人格是教师人格的重要组成部分，对学生道德品质的形成、学业发展的激励、情感的陶冶，以及健康个性的养成具有潜在的教育价值和根本性的意义。林英典（2010）进一步对教师的职业人格内涵进行了探讨，认为教师的职业人格是教师在教育活动中形成的综合性的个性教育品质，并强调了道德在教师职业人格中的价值。李乃勇（2010）也对教师职业人格的教育价值和养成策略进行了探讨，但从内容上来说，与董吉贺的观点比较相近，更加强调教师的主体性是教师职业人格价值产生的源泉。侯秋霞（2012）进一步研究了教师职业人格的层次和提升策略，认为教师的职业人格是一个在教师教育教学工作中逐步形成的，并随着教师职业生涯而逐步发展和完善的过程。教师的职业人格会经历三个阶段："自以为是"—"自以为非"—"是非有我"。随着学者们对教师职业人格理论研究的深入，教师职业人格研究也开始探讨不同类别教师的职业人格结构，以及教师职业人格与其他教师相关的心理因素的关系。程巍（2008）对高等师范学生的职业认同与职业人格的关系进行了研究，发现师范生的人格特点与中小学教师应该具备的人格特点之间差异较大，且不容乐观。肖晓莺（2009）就高校教师职业人格特质对学生的心理影响进行研究，认为高校教师的人格倾向对学生人格倾向具有重要的影响，其中比较重要的几方面是教师的职业动机、教师的职业信念和价值观、教师的职业兴趣等。连坤予（2017）等人对中小学教师职业人格与主观幸福感的关系进行研究，该研究将专家型教师和新手、熟手教师进行对比，发现专家型教师更加具备与职业相匹配的人格特点，职业人格也与主观幸福感存在正相关关系。梁建平（2010）等人对我国中、小学体育教师的职业人格结构进行了研究，这一研究相比于之前的研究，在研究的内容和方法上都有了新的特点，研究发现我国中、小学体育教师的职业人格有独特的结构，包含了职业情感、职业形象、职业行为、职业品格和职业精神五个层面，并基于此构建了结构关联模型。罗秋英（2012）对幼儿教师职业人格的作用及其构成进行了研究，从职业认同、职业道德、职业资格、职业品格、职业体格五方面分析了幼儿教师职业人格的构成。韩玮（2015）的研究则将焦点聚集到了思想政治理论课教师的职业人格障碍，这与之前的研究相比又是一个新的研究点，该研究发现高校思想政治理论课教师普遍存在成就感低、职业倦怠严重且师德师风问题也比较严重的现象，就此，研究者提出了矫正的建议。这一研究将目光转向职业人格中存在的问题，并提出矫治的建议，对于研究者们具有重要的警示和启示意义。杜晓鸣（2016）等人将研究的范围进一步聚焦，针对心理类课程教学中准幼儿教师良好职业人格的塑造，这一研究为研究者深化和聚焦问题提供了借鉴的思路。

朱晓红（2016）等人的研究则针对区域内幼儿教师的职业人格现状进行，研究者编制了问卷，用自编问卷进行数据的收集，这为后续研究提供了借鉴。汪江洋（2019）等人开展了幼儿教师职业人格量表的编制与标准化工作，这一研究是目前职业人格研究中比较主要的一类研究，对于本研究具有重要的启示。

国外研究认为：教师职业人格对学生的发展和教学，乃至教师本身的职业生涯发展都有重要影响。当前国外并无特定的"教师职业人格"这一定义，学者和专家们，尤其是心理学家对于人格采取保守态度，他们认为人的特质是流动的和特殊的，很难将所有人的特质归于某些框架里（Hogan和Roberts，1996）。Lundgren（1998）的研究表明，教师的人格特征和心理特点对教师的教学行为和工作状态具有显著影响。Novojenova（1999）等人的研究表明，教师对学生而言是影响其发展的最重要的人，教师自身的心理健康、专业发展水平和人格特质都会对教育教学工作产生影响，而教师的职业人格会对教师的发展和工作绩效产生重要影响。教师行业因其服务对象的特殊性，需要掌握一定的技能，拥有一定的素质，因此，许多研究者提出教师人格是影响教师教育教学的重要因素（Emmerich、Rock和Trapani，2006）。因此通常情况下，教师职业人格会被与教师职业素质、教师职业特征、教师道德或对优秀教师的要求等联系在一起，但实际上，职业人格更多地被描述为是一种相对稳定的心理属性（Jamil、Downer和Pianta，2012）。严格来说，这与职业素质和特征等有些差别，即职业人格应是职业素质和特征的下位概念，而职业特征和职业道德也并不能完全代表职业人格。Svetlana Guseva（2014）等人认为，可持续教育的一个主要方面是教师职业动机中的人格类型和动机层级，如果说动机与满足基本要求在教师职业发展中扮演重要角色，则人格类型依然是一个未知的潜在因素。但是在人格类型和职业活动动机方面的统计意义上的相关性还没有被发现，与满足需求相关的职业成长和自我实现动机方面的必要性只有在基本需求条件满足的条件下才能实现。大部分的研究并未将"教师"与"职业人格"合为一个概念，他们认为人格是一个可影响个人与环境的重要因素，因此更注重研究人格特质的不同维度对教师的影响或与职业的关系。而教师人格通常与教师职业标准、教师基本素养及教师行业规范等相联系，或直接包含在其中，因此，国外更多的是从国家法律法规层面对教师职业人格进行定义，如罗马尼亚 2002 年发布的《教师专业标准》中将教师人格定义为认知、情感、动机的综合能力，加上人格特征，为教师提供了进行教学活动所必需的素质，以实现所提出的目标且有很好的效果（Diaconu，2002）。更多的研究者们关注优秀教师所需的素质，如 Dodge 通过问卷调查结果分析发现，越是成功的教师在社会交往中越放松，越愿意承担责任，越不担心、不害怕，并且对于他人的意见也更加敏感（Dodeg，1943），这与大五人格模型下教师人格被描述为拥有开放性、责任心和宜人性特质，具有相近之处。David（1998）等人在 1993—1997 年关于职业与人格的研究综述中，对研究做了一个分类：（1）人格与职业选择过程，包括职业兴趣、职业抱负、职业态度和价值观等；（2）人格与一般职业过程，包括职业选择、职业发展和变化、多重职业角色、职业承诺和职业指导等；（3）人格与职业满意度和幸福感，包括工作满意度、职业压力和职业倦怠；（4）人格与组织，包括工作绩效、其他结果等。依据 David 的分类模型，在关于教师的职业人格研究回顾中可将其简单分类为职业选择研究，教师职业发展研究、职业满意度和幸福感研究，以及教师职业组织氛围研究。

迄今为止，学界并没有一个公认的关于人格的定义，这本身就说明了人格研究的复杂性。从已有的研究成果看，将人格说清楚虽然很复杂，但人格也并非深不可测，至少，大量的研究已经表明人格是个体行为的动力。另外，人格在情境中表现出来的一致性和稳定性，使得人格的研究对于评价个体或预测个体的行为具有重要的价值。基于人格研究的教师职业人格研究，是人格在教师职业领域中的延伸。

综合上述，可以发现，职业人格进入教育视野，特别是国内教育者的研究范围时间并不长，而其中有相当长的时间，关注的焦点是职业人格的概念和功能。在最初的研究中，学者们将人格与职业人格的概念混用，随着研究的深入，职业人格的概念才越发清晰起来。总体而言，在教育领域，职业人格相关的研究大体上从两个层面展开：一是基于思辨的职业人格的内涵和功能；二是职业人格的结构和应用。通过这些研究，有三方面的启示：一是明晰了教师这个职业本身具有其特殊性，教师的职业人格研究具有现实的意义；二是在不同学段教师职业人格的研究结果进一步说明，即使是教育领域，由于教育对象的差异，教师在职业人格的结构上亦存在差异，而本研究在前面的研究背景中已经论述了特殊教育教师职业的特殊性，基于这一认识，结合前人的研究，说明本研究具有理论和实践价值；三是教师职业人格的总体研究趋势是基于研究的结论选拔、培育良好职业人格，矫正不良的职业人格，这对于本研究的启示是，必须要将研究与实践结合起来，要解决特殊教育发展中的现实问题。当然，通过文献分析，也发现目前教师职业人格的研究存在以下三方面的问题。一是对于教师职业人格的概念存在分歧，有部分学者对职业人格的理解偏向于职业环境塑造出来的与职业相匹配的稳定的心理特征，另一部分学者认为教师的职业人格是教师个体人格中与教师职业相匹配的人格特征，这些人格特征在职业生涯中不断得到塑造和完善，而最终形成个体稳定的心理特征。学者们在职业人格概念上的分歧虽是学术之争，但对于本研究的启发是，要清晰界定研究的概念和研究的重点。二是学者们的研究显示，不同学段、不同科目的教师的职业人格在结构上存在差异，但研究的工具大多是采用通用的一些人格量表，针对性的测量工具比较少，不能充分考虑各学段和各类型教师的工作特殊性。三是现有研究大都采用一般的人格特征测量的结果作为参照，局限于现状调查层面，缺乏标准导向的标准化测量工具，对教师的职前培养和职后培训缺乏指导性。

1.2.3　特殊教育教师职业人格研究情况

以"特殊教育教师职业人格"为主题词，对近 30 年文献进行检索显示，对于特殊教育教师职业人格的研究在 2012 年以前几乎空白。综合"职业人格"和"教师职业人格"文献检索的情况发现，特殊教育教师职业人格的研究与前两项研究密切相关，是教师职业人格在特殊教育领域的延伸。从学科分布上来看，特殊教育教师职业人格以特殊教育本学科领域为主，但以职业教育和教育管理为视角的研究比例也比较大，这说明特殊教育教师职业人格研究具有多学科性。

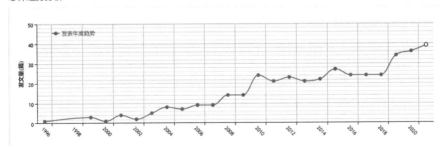

图 1-5　特殊教育职业人格学术关注趋势图

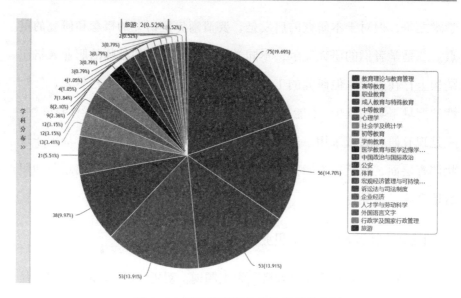

图 1-6　特殊教育职业人格学科分布图

　　国内最早探讨特殊教育职业人格的是赵淑珍（2004），她从特殊教育教师的素质角度进行分析，认为人格素质是特殊教育教师素质的最上层。特殊教育教师的人格素质有三个层次：最基层的是思想政治素质，决定特殊教育教师的政治方向；第二层是道德素质，是人格素质的核心内容；最上层是人格素质（赵淑珍，2004）。冯维、裴佩和曹燕（2008）采用大五人格问卷对云南 98 名特殊教育教师及广西等地 172 名普教骨干教师进行人格特征比较研究，结果发现：两类教师在"焦虑、热情、社交、果断、冒险性、价值观、直率、谦虚"上有显著差异；在性别比较中，男教师在"价值观、谨慎"上有显著差异，女教师在"外向性、开放性"上有显著差异；在教龄比较中，其差异体现在"开放性、外向性、冒险、宜人性"方面。宋婧杰、李元薇和黄海量（2013）探究济南市特殊教育工作者的职业倦怠与其人格特征的关系，为工作人员的选拔和录用提供参考依据，也使更多的特殊教育教师了解和应对职业倦怠。该研究运用 MBI 问卷和艾森克成人人格问卷对济南市两所特殊教育机构的 60 名在职特殊教育教师进行问卷调查。研究结果显示，职业倦怠与人格特质中的精神质、神经性呈显著正相关，与人格特质的内外向性和说谎性呈负相关。宋婧杰等人由此认为，教师的人格特质对职业倦怠有一定的影响，特殊教育工作者应注意培养和形成健全的人格，以减少职业倦怠给工作带来的不利影响。

国外对特殊教育教师职业人格方面做了很多偏向于实证性的研究：研究者采用 MBTI 人格系统研究和解释了当今教育领域需要有能适应和接受变化人格特质的教师，而 ENFP 和 ENTP 型人格则更可能接受这样的因素。事实上，拥有这一类人格特质的教师更可能成为优秀教师，因此研究者建议继续深入研究此类人格教师的教学模式和方法，以更好地支持国家未来的教育发展（Rushton、Morgan 和 Richard，2007）。教师的人格特质与教师专业发展也显著相关，基于大五人格理论的研究认为，教师被期望有高度外向性、情绪稳定性、高水平随和、认真、经验开放性，这些能够让教师适应学校班级的特殊需要（Čepić、Vorkapić、Lončarić、Anđić 和 Mihić，2015）。Prather-Jones（2011）在对情绪与行为障碍（EBD）教师的调查中认为，影响 EBD 教师留任的因素包括社会支持因素和教师个人特征因素，其中，社会支持因素包括政策、组织和教学初期的经历；个人特征因素则主要为适应自我需要、拥有内在动机、内化倦怠、对于缺陷的接受度、灵活性以及对 EBD 儿童是否有兴趣。Renata 和 Sanja 等研究了教师横向能力、人格和声誉对于教师发展的作用，其中人格特质被认为是影响教师专业发展的关键因素之一。教师职业倦怠与教师人格也是相关研究中的一大主题，教师人格也被认为是影响教师职业倦怠的重要因素，特别是移情、理想化自我、自尊、失范等心理因素会成为致使教师精神衰竭的因素，过度失范会造成教师孤独感增加，感受不到工作的目标和意义，最终导致职业倦怠（Mazur 和 Lynch，1989）。采用大五人格测量的结果表明，高度神经质得分（Kokkinos，2007）和低外向型得分是预测职业倦怠的最佳因子（Cano-García、Padilla-Muñoz 和 Carrasco-Ortiz，2005），而责任心是预测个人成就感的最佳因子（Pishghadam 和 Sahebjam，2012）。

分析目前开展的特殊教育职业人格相关的研究，已经获得的研究成果可以部分反映这一特殊群体的心理特征，但缺乏系统性、操作性，也缺乏对特殊教育教师选拔、专业培训、学校管理方面切实的建议。目前，特殊教育发展迅速，一线学校用人需求比较大，管理的压力也很大，因而，继续深入开展特殊教育教师职业人格的研究具有现实的意义。

1.3 特殊教育教师职业人格研究要解决的问题

通过对已有特殊教育教师职业人格研究的回顾与分析，与其他职业领域和普通教育领域相比，特殊教育教师的职业人格研究仍处于起步阶段。对于特殊教育教师职业人格的内容及结构的探讨需要深入，对于特殊教育教师职业人格的现状还缺乏整体的了解，对于特殊教育教师职业人格的培育更是缺乏专门的探讨。

1.3.1 特殊教育教师职业人格结构有待研究

职业人格的概念在最初是从人职匹配的角度提出的。在某个职业中有更好的适应性，且能有较好绩效的人往往都具备一些共同的人格特质。前文已经做了深入分析，发现特殊教育职业是一个高压力、低成就感，少精神交流、高情感付出的职业。什么样的人适合从事特殊教育职业？这个群体具有的核心人格特质是什么？对此，虽然已有学者做了相关研究，但存在两方面的问题：一是将人格和职业人格的概念混淆，对特殊教育教师职业人格的内涵掺杂了非心理范畴的内容，如赵淑珍（2014）的研究就将思想政治素质和道德素质都纳入了特殊教育教师职业人格范畴；二是虽然有学者对特殊教育教师的职业人格从心理学的范畴做了描述，但职业人格的内容来源于已有的人格量表的测量结果，如有研究者（冯维、裴佩和曹燕，2008）用大五人格量表对特殊教育教师进行测量并与普通教育教师进行比较。特殊教育教师是一个特殊的群体，从非教育领域的职业人格和普通教育教师的职业人格的研究成果可以推论，特殊教育教师职业人格应该是一个与普通教师有共性又有区别的人格特质群，且具有关联性的有机结构，对此，目前的研究基本处于空白状态，需要进一步专门展开研究。

1.3.2　特殊教育教师职业人格测量的工具有待开发

从相关研究发现，在非教师职业领域关于职业人格测量的工具比较丰富，主要有两类，一类是通用的人格量表，如明尼苏达多项人格量表、卡特尔 16 种人格因素问卷和艾森克人格问卷等，另一类是专门编制的针对某个职业领域的职业人格量表，如军官职业人格量表（王芙蓉，2006）、武警基层军官职业人格问卷（谭蔚，2016）和幼儿园教师职业人格量表（崔虹，2011）。研究工具对于研究的创新具有至关重要的作用，我们要探究特殊教育教师职业人格的内容和结构，但已有的研究暂时还没有专门针对特殊教育教师的职业人格量表。已有的通用人格问卷也可以用来研究特殊教育教师的职业人格问卷，但这些通用的量表是以普通人群为研究对象编制的测量工具，缺乏针对性，若用于了解特殊教育教师职业人格的概貌是可以的，但要做深入的研究，这些工具将会带来局限性，且中国的特殊教育群体具有本土的文化背景，通用的工具大多是基于国外的人群研制的，在信度和效度上均有待检验。

1.3.3 我国特殊教育教师职业人格状况有待研究

随着特殊教育提升计划的实施，我国特殊教育发展正在进入快车道，并开始从追求数量向追求质量转变。我国特殊教育教师的人格状况到底如何，事关特殊教育教师的培养、特殊教育学校的管理，也事关未来特殊教育政策的制订。但从目前的研究来看，对于国内特殊教育教师的职业人格状况还未有全面的调查和描述。从已有的研究来看，大多集中在对特殊教育教师专业素质的调查和描述（兰继军，2004；王辉、熊琪和李晓庆，2012；李玉向，2013），这些研究的成果对于了解我国特殊教育教师队伍的整体状态和水平具有积极的价值，但相比而言，职业人格是特殊教育教师素质中最稳定的，是具有很好的预测性的，并具有与工作绩效密切相关的心理特征，如能全面地对我国特殊教育教师职业人格做出深入的描述和分析，将会对我国特殊教育教师队伍的建设产生积极的影响。

1.3.4 我国特殊教育教师职业人格与工作状态的相关关系有待研究

教师职业人格作为一种教师工作成就的预测指标已经得到诸多研究的支持（刘丽红，2009；李东斌和邝宏达，2010；李乃勇，2010）。从已有的研究来看，很多学者进行了与特殊教育工作成就感以及职业性向相关的研究，发现很多因素都可以预测特殊教育教师未来的工作状态（申仁洪和林欣，2007；郭璐露，2008；胡颖，2008；班永飞和刘成玉，2012；杨柳和孟万金，2013）。特殊教育教师职业人格对于特殊教育教师职业生涯的哪些方面可以做到预测，目前还鲜见此类研究。本研究基于对文献的分析，结合特殊教育学校工作的实际，认为非常有必要就特殊教育教师的职业人格与职业感受相关的内容进行研究。至于研究的内容上，本书认为要更多关注特殊教育教师的心理状态，因此，有必要对职业认同、职业倦怠和角色冲突进行研究。

综上所述，随着社会进步，国家对特殊教育愈发重视，特殊儿童的入学率将会稳步提高，对特殊教育教师的数量和质量要求也会逐步提高。与此同时，特殊教育教师的专业地位也将逐步提高，未来，特殊教育学校（机构）将有更多的机会挑选教师。什么样的人更适合担任特殊教育教师？他们应该具备哪些有助于特殊教育工作的人格特质？这些特质的内容是什么？结构如何？用怎样的方式可以甄别出适合从事特殊教育工作的人？未来特殊教育教师专业发展的培训课程和社会支持系统应如何构建？都是摆在我们面前需要解决的问题，特殊教育教师职业人格的研究将在一定程度上解决以上的问题。

1.4 特殊教育教师职业人格研究的目的与假设

1.4.1 研究目的

（1）构建特殊教育教师的职业人格结构模型，揭示特殊教育教师群体的人格内容结构。

（2）编制出测评特殊教育教师职业人格的工具。

（3）测评并描述目前特殊教育教师的职业人格状况。

（4）探索特殊教育教师培养的有效策略。

1.4.2 研究假设

假设一：特殊教育教师核心职业人格特质理论模型是一个多维度、多因子的结构。

假设二：《特殊教育教师职业人格量表》具有较好的信效度，能够作为测量我国特殊教育教师职业人格特征的有效工具。

假设三：我国特殊教育教师职业人格特征总体向好，各维度在不同性别、年龄、职称、教龄及其区域经济特征等人口统计学变量上存在显著差异。

假设四：特殊教育教师职业人格与职业倦怠、职业承诺、角色冲突有关，对于上述特殊教育教师的职业心理状态或心理过程存在一定的预测作用。

1.5　特殊教育教师职业人格研究的意义

1.5.1　理论意义

本研究将基于实证，揭示特殊教育教师的职业人格结构，并对职业人格结构的内部关系进行描述，通过对特殊教育群体职业人格状况的分析，揭示特殊教育教师群体成长的动力和过程，有助于全面、深入地描述教师专业成长的过程，从而丰富教师人格的相关理论，协助特殊教育教师培养研究者构建科学的特殊教育教师培养系统，完善特殊教育教师培养理论。

1.5.2　实践意义

本研究将在验证特殊教育教师职业人格结构模型的基础上，结合特殊教育教师选拔的需要，尝试开发特殊教育教师职业人格的测评工具，这一工具可直接用于特殊教育学校、教育行政部门选拔特殊教育教师及岗位安排，有助于特殊教育教师自身进行职业生涯规划，加速新入职教师的专业成长。另外，本研究还可以用于国家和特殊教育行政部门评估和预测特殊教育教师工作适应情况。

1.6 本研究相关的核心概念

1.6.1 特殊教育

早期对特殊教育的定义主要是从教育对象出发来表述的，如1948年出版的《第二次中国教育年鉴》认为，特殊教育系对于精神或身体之一方或双方有异常者所施之教育。这一定义仅从特殊教育的对象和方法来理解特殊教育，并未对特殊教育的本质进行全面概括。朴永馨（1995）认为，特殊教育是指使用一般的或经过特别设计的课程、教材、教法和教学组织形式及教学设备，对有特殊需要的儿童进行的旨在达到一般和特殊培养目标的教育。汤盛钦等人（1998）认为，特殊教育是由实施学前义务教育的普通和特殊教育机构提供的，以满足特殊儿童的独特教育需要而设计的教育、教学和相关的服务。上述两个定义强调了特殊教育对象、方法和任务的特殊性，明晰了特殊教育与教育的关系，但依然不能很好地区分特殊教育与其他教育的关系。方俊明（2005）认为，特殊教育是指为了满足特殊需要儿童学习的需要而设计（提供）的教育，是根据社会需要与特殊儿童身心特征和教育需要，最大限度地发挥受教育者的潜能，使他们增长知识、获得技能、增强适应能力的一种教育。刘全礼（2003）认为，特殊教育是对特殊儿童开展的、有目的的、旨在满足他们的一切教育需要的活动，这些活动既可以是增进特殊儿童的知识技能、影响特殊儿童的思想品德、增强特殊儿童的体质的活动，也可以是改变或矫正他们的缺陷或行为的活动。以上两个定义突出了特殊教育对象的身心特征，反映了特殊教育目标和任务的特点，但仍然不能很好地将所有的特殊儿童纳入教育对象范围。综合学者的意见，笔者认为特殊教育是教育体系的组成部分，是指针对特殊需要儿童的身心发展特点，使用专门的课程和方法，帮助特殊需要儿童补偿缺陷、增长知识和技能，促进其身心充分发展，提高社会适应能力的教育。

1.6.2 特殊教育教师

雷江华（2011）认为，特殊教育教师有广义和狭义之分，广义的特殊教育教师不仅包括直接从事特殊儿童教育的一线教师，还包括从事特殊教育一线教师的教师，狭义的特殊教育教师是指在各类特殊教育学校（机构）从事特殊儿童教育教学和特殊儿童康复训练的教师，在普通学校中承担附设的各类特殊班教育、教学工作的教师，以及承担随班就读辅导的教师及相关训练员。盛永进（2011）认为，特殊教育教师是指在教育机构中从事特殊需要学生教育教学的专业人员，是现代教师队伍的一个重要组成部分。本研究中的特殊教育教师是指从事特殊教育工作的教师，特指在特殊教育学校和机构中工作的专任教师。

1.6.3 人格

简单地说，人格是人与人之间在心理与行为上的个体差异（郑雪，2007），但对人格下定义却是一项复杂的工作。美国心理学家奥尔波特认为，人格是决定一个人行为与思维方式区别于其他人的精神上、身体上的各种因素的总和（深堀元文，2007）。黄希庭（1999）认为人格是个体在行为上的内部倾向，表现为个体适应环境时的能力、情绪、需要、动机、兴趣、态度、价值观、气质、性格和体质等方面的整合，是具有动力一致性和连续性的自我，是个体在社会化过程中形成的给人以特色的身心组织。Duane P. Schultz（2016）等认为，人格不仅是我们展示的外在的、可见的特征，是他人能够看到的那些方面，还包含一个人所有的品质，是超出表面物理特性的各种特征的总体或综合。Jerry M. Burger（2016）认为，人格源于个体自身的稳定行为方式和内部过程。有学者将人格定义为由在许多行为维度上对应的程度构成的特质集（贝姆·P.艾伦，2011）。综合以上学者的观点，本研究中采用郑雪（2007）对人格定义：人格是个体在先天生物遗传素质的基础上，通过与后天社会环境的相互作用而形成的相对稳定而独特的心理行为模式。

1.6.4 职业人格

早在 1959 年，美国心理学家霍兰德（John Holland）就在其职业人格理论中，对职业人格的概念有所概述，他认为职业人格是与其职业性质相匹配的人格特征，不同的职业种类会有不同的人格类型与其相匹配。霍兰德对职业人格的定义比较强调个体人格与职业的匹配关系，职业人格是基于个体人格发展起来的。罗高峰（2000）认为，职业人格是一个人为适应社会职业所需要的稳定的态度，以及与之相适应的行为方式的独特结合。胡维芳和蒋超（2014）认为职业人格就是从职业角度所表现出来的人格，是个体在遗传素质的基础上，通过后天环境（包括职业环境）的相互作用而形成的相对稳定和独特的心理行为。以上对职业人格的定义都强调了个体为了适应职业的需要而发展起来的职业人格特征。综合上述学者的研究，笔者认为职业人格是个体已有的人格特征中与职业表现和成就密切相关的人格特征，这些人格特征会在职业环境中得到强化。

1.6.5 教师职业人格

黄鸿鸿（2005）认为，教师职业人格就是人格在教师这一职业中的特殊要求的体现，是教师为胜任其本职工作所必须具备的职业品质。林英典

（2010）认为，所谓教师的职业人格，是指教师作为教育职业活动的主体，在其职业活动过程中所形成的稳定的道德意识、道德情感、道德意志、专业智慧（包括专业知识和专业能力）、个体内在的行为倾向以及由此而综合形成的个性教育品质。汪江洋、崔虹和秦旭芳（2019）认为，教师职业人格是指教师在进行教育教学工作时所表现出来的适应学生心理结构和发展水平的职业特性及行为，是教师必须具备的与职业特性相适应的稳固的个性品质和行为倾向性。综合上述学者的研究，笔者认为教师职业人格是指个体的人格中与教师职业相匹配的独特而本质的心理品质，是教师从事教育工作时应该具备的稳定的职业品质特征及其行为倾向的总和。

1.7　研究方案

1.7.1　研究设计

本研究有三个核心问题：一是揭示特殊教育教师群体的职业人格结构；二是研制出测评特殊教育教师群体职业人格的量表；三是基于特殊教育教师职业人格视角的特殊教育教师队伍建设策略。三个问题之间有逻辑上的先后顺序，因此在整个研究的设计上要充分考虑这一点。

关于特殊教育职业人格结构的研究，先采用文献法和访谈的方法建立研究的假设，即特殊教育教师职业人格特质结构的模型。以此为基础，选择样本进行职业人格内容的因素结构探讨。问卷的编制项目依据已有相关研究的结果和访谈获得，编制初步的问卷后，依次进行以下研究步骤：项目分析，探索性因素分析，验证性因素分析，项目命名，条目一致性检验。经过上述的研究程序后，再次选择样本，用已经编制并经过验证分析的问卷进行测评，进一步进行验证性因素分析，探索已构建模型内部的各因素的拟合情况，并最终构建起特殊教育教师职业人格的结构模型。在此基础上，对测验量表的信度和效度进行分析。当这些工作结束后，利用已经编制的问卷进行进一步的研究。具体设计如图 1-7 所示。

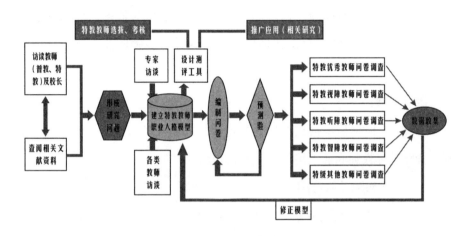

图 1-7　研究设计路线图

1.7.2　研究内容及步骤

1.7.2.1　特殊教育教师职业人格特征理论建构

研究目的：

采用文献法、访谈法、因素分析法建构特殊教育教师职业人格的模型。

研究过程：

步骤 1：运用文献法初步建立特殊教育教师职业人格结构理论模型。

步骤 2：采用访谈法初步抽取特殊教育教师职业人格的核心特质形容词，对形容词进行词频统计，并基于统计结果完善和修订初步构建的特殊教育教师职业人格结构模型。

步骤 3：采用问卷访谈的方式获取特殊教育教师职业人格形容词，通过分析词频，再次修订并初步建构起特殊教育教师职业人格理论模型。

1.7.2.2　特殊教育教师职业人格问卷编制

研究目的：

以初步构建的特殊教育教师职业人格结构模型为依据，按照问卷编制的技术，基于特殊教育工作情境编写特殊教育教师职业人格测评的初步问卷。

研究过程：

步骤1：根据初步构建的特殊教育教师职业人格结构模型的维度，编制《特殊教育教师职业人格问卷》的初步问卷。

步骤2：初测并修订问卷。

步骤3：正式预测并进行项目分析、探索性因素分析及验证性因素分析，验证初步编制的特殊教育教师职业人格问卷的信度和效度。

步骤4：形成《特殊教育教师职业人格问卷》。

1.7.2.3　特殊教育教师职业人格现状研究

研究目的：

了解我国特殊教育教师的职业人格状况，并进行讨论和分析。

研究过程：

步骤1：在全国范围内选取特殊教育教师样本，用特殊教育教师职业人格问卷进行测试。

步骤2：对数据进行分析，对目前特殊教育教师职业人格状况进行描述。

1.7.2.4 基于特殊教育教师职业人格现状的实践研究

研究目的：

分析特殊教育教师职业人格与职业承诺、职业倦怠及角色冲突的关系。由职业人格理论可知，职业人格与职业的匹配度越高，个体在职业中付出越多，体会到的愉悦感也越强，成就感越高，本研究就是要通过分析相关关系来验证。

研究过程：

步骤1：选取特殊教育教师样本，分别用特殊教育教师职业人格问卷与职业承诺、职业倦怠和角色冲突量表进行测评。

步骤2：对测评结果进行数据分析。

步骤3：讨论特殊教育教师职业人格与职业承诺、职业倦怠和角色冲突之间的关系。

步骤4：从职业人格培育的角度对特殊教育管理、特殊教育教师发展提出建议。

第2章 特殊教育教师职业人格特征模型的理论建构

2.1 研究目的

通过文献分析（包括特殊教育教师人格研究文献、特殊教育教师先进事迹，以及国家出台的特殊教育教师发展的相关政策）、开放式调查问卷、个案访谈三种方式，搜集符合特殊教育教师工作实际和工作要求的人格特征词汇，找出与特殊教育教师职业表现和成就密切相关的人格特征，初步形成特殊教育教师职业人格结构的理论模型，作为编制特殊教育教师职业人格量表的基础。

2.2 研究假设

特殊教育教师职业人格是一个多因素、多层次的结构。

2.3 研究方法

2.3.1 文献法

文献来源包括学者研究成果、政策法规和优秀教师的事迹。学者研究成果资料主要来源于已公开发表的论文及著作，以特殊教育教师职业人格为聚焦点，分别以"职业人格""教师人格""特殊教育教师人格""特殊教育教师职业人格"为主题词，搜集国内外 1949—2019 年的中外文献资料，抽取学者对于特殊教育教师的职业人格相关素质的表述。政策法规分为国内和国外，国内主要是以省级以上政策法规为来源，国外以国家颁布的法规为来源。特殊教育教师的先进事迹来源为内地市级以上官方媒体报道，报道的内容为正向宣传，报道的特殊教育教师须为取得县级以上荣誉的教师，资料来源中还选取了一些集体的报道。

2.3.2 个案访谈法

选取特殊教育学校行政领导和特殊教育学校优秀教师进行访谈，访谈方式分为面对面访谈和电话访谈，访谈内容主要是谈做好特殊教育工作所需要的人格特质，访谈过程进行录音，后期把录音结果整理成文本。基于文本在选择访谈对象时考虑到由于特殊学生类别带来的工作特征差异，在抽样时确立了四个类别，分别是盲校、聋校、培智学校，以及综合特殊教育学校。访谈对象类别及人数构成如表 2-1 所示。

表 2-1 个案访谈对象分布表（单位：人）

访谈对象	盲校	聋校	培智学校	综合性特殊教育学校	合计
行政领导	2	3	6	8	19
优秀教师	4	6	10	10	30

2.3.3 问卷调查法

在文献梳理和个案访谈的基础上，确定问卷访谈的基本框架，经过筛选确定了"爱心""奉献精神""稳定的情绪""效能感"和"职业忠诚"5个核心的人格特质维度，并依此编制针对普通教育教师、特殊教育教师和在校大学生（代表社会人士）的三类问卷，问卷内容包括三部分（基本资料、两个形容词描述的开放性问题及10个情境性选择题）。共发出问卷1 000份，收回有效问卷982份，其中普校教师124份，特校教师495份，大学师生363份，具体情况如表2-2所示。

表2-2 参与问卷访谈人员的基本情况（单位：人）

人员类别		特殊学校（机构）教师	普通学校教师	在校大学生	合计
数量		495	124	363	982
性别	男	85	14	68	167
	女	410	110	295	815
年龄	≤ 30	161	81	361	603
	31-39 岁	186	15	1	202
	≥ 40	148	28	1	177
职称	正高级	0	3		3
	高级	57	11		68
	中级	191	23		214
	初级	247	87		334
教龄	10 年以内	238	84		322
	10 年以上	257	40		297

2.4 研究结果

2.4.1 文献分析结果

2.4.1.1 学者研究成果中关于特殊教育教师职业人格相关成果的分析

利用中国知网搜集国内学者有关特殊教育教师职业人格相关的成果，

从学者观点中提取与特殊教育教师职业人格相关的词汇。总共收集到15篇文献，时间跨度为2001—2019年18年，收集到词汇100个，对意义相近的进行合并，对过于概括的词语进行剔除，初步按"态度特征""意志特征""情绪特征""理智特征""人际交往"进行归类和概括，具体情况如下。

1. 态度特征方面

"热爱""事业心""责任心""爱心""忠诚""无私""甘于清贫""公正""平等""尊重""为人师表""人道主义""服务精神""乐于奉献"。

2. 意志特征方面

"坚韧不拔""坚强独立""勇敢""自律""精力充沛""耐心"。

3. 情绪特征方面

"乐观""坦然""外向""活泼""开朗""自然""健康心理""富有活力""心态平和"。

4. 理智特征方面

"创新精神""做事谨慎""想象力丰富""反思""勤于学习""进取"。

5. 人际交往方面

"关爱""热情""真诚""关怀""团队合作""关心""理解""坦诚""善于交友""适应力强""以身作则"。

从上述的词汇归类可以看出，学者们对特殊教育教师职业人格特质的关注是全方位的，但相对而言，对态度的关注度比较高，认为特殊教育教师需要有爱心和奉献精神，在情绪方面能更开朗且心态平和，学者的观点为特殊教育教师职业人格结构模型的建构提供参考。

2.4.1.2　特殊教育政策法规中特殊教育教师职业人格相关词汇分析

通过搜集整理特殊教育相关的政策文献，提取了文献中与特殊教育职业人格相关的词汇，并进行了汇总。总共收集的政策文献 20 份，时间跨度为 1998—2019 年 21 年，共收集到与特殊教育教师职业人格特质相关的词汇 143 个，对意义相近的进行合并，剔除过于概括或偏向于道德层面的词汇，初步按"态度特征""意志特征""情绪特征""理智特征""人际交往"进行归类和概括，具体情况如下。

1. 态度特征方面

"人道主义""尊重""热爱""爱心""责任意识""爱岗敬业""为人师表""责任心""细心""公平""公正""合作精神""无私奉献""认真工作""学风端正"。

2. 意志特征方面

"耐心""恒心""自律""耐挫力""坚定"。

3. 情绪特征方面

"乐观向上""善于自我调适""平和心态"。

4. 理智特征方面

"自尊""勤于学习""积极实践""不断进取""终身学习""潜心钻研""自我超越""自主创新""努力探索""反思""严谨治学"。

5. 人际交往方面

"关心""一视同仁""关爱""热情开朗""有亲和力""以身作则""团结协作"。

从上述的词汇概括和分类可以看出，国家和地方政府层面对特殊教育的职业人格特质关注更多的是态度和理智，更期待特殊教育教师能具有奉献精神，敬业爱岗，踏实工作，同时能更主动、积极地提升自我，潜心钻研，终身学习，不断反思。总体来说，学者的认识和政策层面的期待是比较一致的，而且对特殊教育教师的职业人格特质的要求比较一致。

2.4.1.3 特殊教育优秀教师报道中与职业人格特质相关的词汇分析

利用中国知网搜集各类媒体公开报道的特殊教育教师优秀事迹材料，对特殊教育教师职业人格相关的词汇进行收集整理，总共收集到60份报道，时间跨度为2001—2019年18年，根据教育对象不同，涵盖了视障教育教师1人、听障教育教师17人、智力障碍教育教师6人、综合性特殊教育学校教师35人，以及教授学习困难学生的教师1人，收集到与特殊教育教师职业人格特质相关的词汇共计518个，合并含义相近的词汇，剔除过于概括或偏向道德层面的词汇，进一步对词汇出现的频次进行统计，初步按"态度特征""意志特征""情绪特征""理智特征""人际交往"进行归类和概括，具体情况如下。

1. 态度特征方面

"爱心""无私奉献""细心""责任心""精心""投入""热爱""无私""诚心""真诚""勇气""夜以继日""踏实苦干""仁爱""全心""倾尽心血"。

2. 意志特征方面

"耐心""信心""执着""坚持""努力""永不言弃"。

3. 情绪特征方面

"无怨无悔""深情""柔情似水"。

4. 理智特征方面

"智慧""勇于创新""虚心好学""心思细密""思维敏锐"。

5. 人际交往方面

"关爱""热情""真情""以诚感人""无微不至""问寒问暖""亲

热""亲切""亲近"。

媒体报道是从社会的视角来看待特殊教育教师的,所以从上述的分析可以看出社会关注到的特殊教育教师身上应具备的职业人格特质也比较注重态度特征和人际交往,总体来看,上述词汇与专家和政策文件中的词汇比较相近。下面将进一步对上述从文献中获得的特殊教育教师职业人格特质相关的词汇进行分析和讨论。

2.4.1.4 文献资料的总体分析

对上述三类文献的初步分析可以发现,学者、政策制订者和媒体视角对特殊教育教师职业人格特质的观点还是比较接近的。概括提取的特质词汇数量都在 40 个左右,且各类词汇的分类数量也比较一致,这说明实证研究的效度和信度都比较高。但是我们也注意到,上述分类方法是基于对个体心理特征通常描述划分的,如果要进一步找到特殊教育教师的人格特质结构,我们需要进一步结合实证的数据和特殊教育的实际情况进行分类和分析。具体情况如下。

"奉献精神""责任心"和"敬业"三类内容相关的特质词汇可以概括为"职业精神"。

与"爱心""真诚""合作""有亲和力""适应"相近的词汇可以概括为"人际关系"。

与"同情心""仁爱""公平""公正"相近的词汇可以概括为"处世态度"。

与"自律""有恒心""耐挫"相近的词汇可以概括为"意志品质"。

与"平和""乐观""调适"相近的词汇可以概括为"情绪情感"。

与"进取心""无怨无悔""甘于清贫"相近的词汇可以概括为"自我诉求"。

与"创新""思维敏捷""想象力丰富"相近的词汇概括为"自我效能"。

2.4.2 个案访谈结果

对个案逐一进行访谈后，对收集到的数据进行整理，合并相近的词汇，剔除语义模糊和内涵过于宽泛的词汇，共收集到 263 个与特殊教育教师职业人格特质相近的词汇，分类进行整理，标注词频，具体情况见表 2-3。

表 2-3　校长和教师访谈结果表

访谈对象	适合特殊教育工作的教师特质 （括号内数字为出现频次）	优秀的特殊教育教师应具备的特质 （括号内数字为出现频次）
校长 （副校长）	热情开朗（5）平和（1）积极（2）乐观（2）沟通（1）平常心（1）同情心（1）淡泊名利（1）兴趣（1）全心付出（1）热爱（3）独立（3）细致（2）耐心（4）理智（1）冷静（4）亲和力（2）沟通力（2）自我调控（2）团结（2）喜欢（1）耐挫折心（1）心理承受力（1）	善于学习（1）勇于改革（1）爱心（12）同理心（1）职业认同感高（1）淡泊名利（1）爱岗敬业（1）积极（2）乐观（2）耐挫力（1）善思考（1）耐心（8）果断力（1）尊重（1）以德树人（2）责任心（8）细心（9）恒心（8）坚持（2）爱护（1）仁爱（1）激情（3）信念（2）追求（3）个性（1）
教师	好奇心（2）兴趣（1）孤单寂寞（1）爱心（1）耐心（4）耐性（1）承受力（2）沟通（2）自律（1）自控（1）付出（1）努力（1）严于律己（1）敬业（1）乐观（6）仁爱之心（2）恒心（2）平和（1）悲观的乐观（3）热爱（4）喜爱（2）接纳（2）关心（1）爱与尊重（1）积极（5）接受（3）包容（2）真心（1）内心强大（2）思考（4）观察（2）同理心（2）内心温柔（1）容忍（1）理解（1）坚持（1）怜悯（1）关爱（2）敏感（1）用心（1）	责任（2）教育情怀（1）热爱（4）情商高（2）耐心（1）师德高尚（2）包容（1）同理心（1）奉献（1）热情（5）自我修正（2）团队合作（2）朝气（2）活力（2）师德师风（2）道德（1）道德情操（4）无私奉献（2）情绪稳定（2）乐观（1）求知（3）真诚（2）坚持（4）兴趣（2）行动力强（3）不屈不挠（1）和善（1）坚定（1）尊重（1）爱（1）温暖（1）坚守（1）执着（1）平凡（1）有目标（1）行动（2）鼓励（1）

访谈信息来自特殊教育一线的领导和教师，他们对自身职业所需要的品质有深刻的感受和理解，对这些数据进一步分析并将访谈获得的特殊教育教师职业人格特质词汇与文献分析结果进行整合，会更加接近特殊教育教师职业人格的实际结构。在整合数据的时候，本书先对访谈获得的词汇按文献分析后的概括类别进行归类，然后再根据词汇内容的类别和关系进

一步分类整合概括。进一步概括后发现，文献分析后得出 7 个维度可以涵盖个案访谈提取出的职业人格特质词汇，但随着各个维度包含的词汇数量的增多，各个维度间出现了概括不够精准、内涵边界不清的情况。鉴于此情况，对 7 个维度内的特质内容进一步进行概括和分类，具体情况如下。

"奉献""责任心""敬业""合作"类的特质归纳为"职业精神"。

"爱心""同情心""亲和力""正义感"类的特质归纳为"处世态度"。此处对原有的"公平"和"正义"进行了合并，归纳为"正义感"。将"人际关系"中的"爱心""亲和力"归入"处世态度"。

"自律""有恒""耐挫"类的特质归纳为"意志品质"。

"自我调适""乐观""平和心境"类的特质归纳为"情绪情感"。

"平常心""进取心""甘于清贫"类的特质归纳为"自我诉求"。

"创新""信念""灵活"类的特质归纳为"职业效能"。

2.4.3　问卷调查结果

2.4.3.1　问卷调查结果梳理

通过问卷方式，以"适合做特殊教育教师的特质"和"不适合做特殊教育教师的特质"两个维度，剔除少于 3 次的条目和不符合人格特质的条目，从特殊教育教师样本获得的正性和负性条目分别为 44 个和 28 个，从普通学校教师样本获得的正性和负性条目分别为 27 个和 27 个，从在校大学生样本获得的正性和负性条目分别为 42 个和 36 个。在对三类调查对象列举的条目进行了初步的整理后，请心理学专业、特教专业的本科生各一名及研究者本人对收集到的形容词进行整理，合并相近或相同的条目，删除那些不属于人格特质的表述，删除出现频率少于 3 次的条目，最后获得正性和负性词条分别为 49 个（见表 2-4）和 38 个（见表 2-5）。

表2-4　适合做特殊教育教师应具备正向特质（汇总）

条目	词频	条目	词频	条目	词频
有耐心	775	心理素质强	59	有团队精神	7
有爱心	769	善于沟通	43	耐得住寂寞	7
有责任心	400	自信	36	会灵活变通	7
有亲和力	289	公平公正	35	敢于挑战	6
乐观开朗	220	接纳	29	有想法	6
坚持不懈	214	有同理心	28	内敛	5
细心	213	理智的	20	老实	5
善良	178	善于观察	19	谦虚	4
积极上进	131	淡泊名利	15	自律	4
无私奉献	110	有担当	14	情绪稳定	4
爱岗敬业	110	豁达	14	独立自主	4
有创新精神	88	真诚	12	有原则	4
爱动脑	80	幽默	11	善于倾听	3
做事认真	78	勇敢	10	隐忍	3
吃苦耐劳	71	稳重	10	敏感	3
有包容心	70	平常心	9		
道德素质良好	64	有同情心	9		

表2-5　适合做特殊教育教师应具备负向特质（汇总）

条目	词频	条目	词频	条目	词频
爱心缺乏	660	死板	85	好高骛远	18
暴躁	569	歧视残疾人	85	虚荣	16
责任心缺乏	444	恒心不足	72	虚伪	15
耐心缺乏	419	暴力倾向	60	奸诈	14
自私	221	内向	56	优柔寡断	12
粗心	183	怕苦	48	贪婪	11
消极	159	不善沟通	39	柔弱	9
懒散	150	自卑	36	沉闷	8
功利心重	145	恒心不足	33	胆小	6
急性子	144	职业道德缺乏	32	不公正	5
上进心缺乏	114	怕脏	29	脆弱	5
小气	108	爱抱怨	23	斤斤计较	4
自大	96	抗压能力弱	19		

2.4.3.2　调查问卷结果整理

在对调查问卷数据进行梳理的基础上，进一步对文献中与特殊教育教师职业人格相关的各类信息进行梳理，找出描述特殊教育教师人格的词汇，最后将这些词汇按照个案访谈后归类获得的 6 个维度进行整理，具体结果如下。

1. 职业精神

"有责任心""善良""积极上进""无私奉献""爱岗敬业""做事认真""吃苦耐劳""接纳""有担当""踏实肯干"。

2. 处世态度

"有爱心""善良""公平公正""有同理心""真诚""勇敢""有同情心""温柔和蔼""稳重""老实""有亲和力""有包容心""好人缘""善于沟通""幽默""有团队精神""善于倾听""乐于助人""善解人意"。

3. 意志品质

"有原则""有耐心""坚持不懈""敢于挑战""自律""有毅力"。

4. 情绪情感

"豁达""隐忍""乐观开朗""心理素质强""耐得住寂寞""内敛""情绪稳定""敏感""沉稳""有童心""平常心"。

5. 自我追求

"淡泊名利""谦虚""有想法""独立自主"。

6. 职业效能

"细心""有创新精神""爱动脑""自信""理智的""善于观察""会灵活变通""严谨"。

2.5 讨论

职业人格与人的个体人格密切相关，但又有差异。教师作为一个社会人所具有的人格就是个体人格，而教师由于所从事的教书育人的职业被赋予的社会期待而具备的人格就是教师的职业人格。教师在从事教师职业之前就已经具备了个体人格，在教育情境中所表现出来的与职业要求相符的人格就是职业人格。特殊教育是教育体系的一个组成部分，特殊教育教师与普通教育教师的工作职责都是教书育人。虽然工作的目标、教学内容及教学方式上有差异，但在职业人格的结构维度上，两者之间必然存在着联系。在构建特殊教育教师的职业人格维度前有必要对普通教育教师的职业人格研究情况稍做梳理，作为特殊教育教师职业人格建构的参照。

关于教师的职业人格包含的结构，国内外已有大量研究。刘恩允（2002）等人研究认为教师人格包括三个维度，即倾向系统、特征系统和调节系统，三个维度又可以具体化为六种特质：自我意识、人际关系、心理倾向、情感特征、意志品质和认知方式。陈士杰（2006）研究表明，教师人格由教育情感性、教育责任心、教育效能感和教育智慧性构成。游伟、徐秋云等（2008）认为教师人格是在教育活动中形成的优良的情感意志、合理的职能结构、稳定的道德意识和个体内在的行为倾向，强调教师应该具备的情绪情感、意志品质、职业效能。戚万学等人（2008）的研究认为教师人格基本意蕴包括专业特有的责任意识、批判和创新精神、权利和自主意识以及对话和合作观念，其中责任意识与对话合作观念是教师职业精神的一种体现，批判和创新精神、权利和自主意识则是对教师具备的职业效能的一种诠释。林英典（2010）研究认为，教师的职业人格是教师素质的重要组成部分，包含两个方面，一是"学高"，不仅要具备厚实的专业知识和学养才能，还要有高超的教育智慧；二是"厚德"，要诚实守信、公正、自信、自知，还要具有认真负责的敬业精神。

崔虹（2011）认为幼儿教师职业人格包括细心谨慎、监控管教、关心爱护、公正宽容及亲和同理五方面，这一分类更多地从教师的职业精神、处世态度及情绪情感方面对教师职业人格进行诠释。侯秋霞（2012）认为教师的职业人格是在教师职业生涯中不断形成和发展的，可以划分为三个层次："自以为是""自以为非""是非有我"，每个层次都有相应各自的特点。梁建平等人研究认为，体育教师的职业人格是一个包含职业情感、职业形象、职业行为、职业品格和职业精神五个维度的结构，这五个因素互相影响，其中"职业行为"因素在体育教师的职业人格结构中具有核心地位，起主导作用。连坤予等人（2017）认为教师职业人格包括教学机谨性、师生亲和性、职业有恒性和人际协调性。教学机谨性测量教师对待教学的态度、课堂教学的有效组织和突发情况的应对能力；师生亲和性测量教师对学生的关爱、鼓励和帮助等；职业有恒性主要测量教师对职业发展和专业成长的肯定态度和坚持，以及对教育教学的反思行为等；人际协调性涉及教师与教育教学相关群体（主要是家长、同事和领导等）关系的协调性行为和态度等。连坤予的划分强调了教师职业人格应该具备的处世态度，包括对学生的关心、爱护，保持亲和力；教师职业人格应该具备的意志品质，教师的有恒、自律、耐挫，这些意志品质使教师能够始终坚守岗位；教师职业人格应该具备的职业效能，教师能够灵活应对教学突发事件和有效处理家校关系、师生关系、师师关系。在探讨教师职业人格基本结构的基础上，有学者将教师中的优秀代表——教育家作为对象，提出了教育家所包含的四种品格：洞察未来、超越世俗和功利、有自己的教育思想、爱孩子。

国外学者对教师职业人格也进行了专门研究。研究者以 1 475 名特殊教育教师为样本，采用因子分析法，对普通教育研究中的五个具有实证和理论基础的教师素质因素——经验、学历、自我效能感、专业活动和精选的课堂实践进行了检验。将这些因素结合起来，形成了一个综合性的教师素质测量方法（Carlson、Lee 和 Schroll，2004）。有学者采访了 10 位被学校校长和特殊教育教师认定为最擅长将残疾学生纳入课堂的普通教育教师，发现这些教师：（1）将自己的个性描述为宽容、反省和灵活；（2）为所有学生承担责任；（3）描述了与特殊教育者的积极的工作关系；（4）报告调整对综合学生的期望；（5）主要包容性关系表现为与学生互动时的热情和接受度；（6）觉得没有足够的时间进行合作；（7）对充分包容所有学生表示保留（Olson、Chalmers 和 Hoover，1997）。有学者对特殊教育教师留任的因素进行了讨论，其中涉及的教师的素质：积极的入职计划、深思熟虑的角色设计、积极的工作条件和支持，以及专业发展（Billingsley，2004）。

特殊教育教师职业人格与普通教育教师职业人格具有共性。隋文婧（2009）认为特殊教育教师职业人格包括对自己充满信心、具备克服工作困难的毅力、保持积极乐观心态、注重细节，具备与学生、家长和其他教师建立有效人际关系的能力。隋文婧不仅强调了教师职业人格应该具备的意志品质、职业效能和情绪情感，也强调了教师职业人格所具备的自我追求，即能够对自己充满信心，实现自我追求。王辉等人（2015）认为特殊教育教师职业人格主要包括职业态度、职业认知、职业道德三个方面，强调特殊教育教师应该具备的职业精神、职业效能。虽然不同学者对教师人格的具体内容持有不同的理解，但是纵观学者对教师职业人格的分析，教师职业人格都涵盖了两大方面，一方面，教师人格强调教师应该具备的道德品质、价值观念和理想信念，包括教师的职业精神、处世态度。另一方面，强调作为一名教师，在面对工作任务时应该具备多种能力，包括教师应该具备的意志品质、情绪情感、自我追求和职业效能。

综合以上研究成果，可以得到两个启示，一是教师职业人格要注重"德"和"行"，与"德"和"行"有关的人格特质是构成人格结构的主要因素，因此，在特殊教育教师职业人格维度构建过程中，要结合特殊教育工作的实际来建构人格结构；二是教师职业人格结构在不同学者的研究成果中是存在差异的，产生这种差异的因素很多，但有一个很重要的原因是，不同学者对教育本身和教师职业的理解存在差异，这对于本研究的启发就是要对特殊教育本身和特殊教育教师的职业要求做深入的分析。

基于文献分析、个别访谈和问卷访谈，本书认为特殊教育教师的职业人格模型，可以包括两个核心维度，6个基本维度，20个因子（见图2-1）。两个核心维度是"德善"和"理智"。6个基本维度是：（1）职业精神；（2）处世态度；（3）意志品质；（4）情绪情感；（5）自我追求；（6）职业效能。职业精神维度包含4个因子：奉献、责任心、敬业、合作；处世态度维度包含4个因子：爱心、亲和力、同情心、正义感；意志品质维度包含3个因子：自律、有恒、耐挫；情绪情感维度包含3个因子：调适、乐观、平和；自我追求维度包含3个因子：朴素、平常心、进取心；职业效能维度包括3个因子：信念、创造、灵活。

特殊教育教师职业人格理论模型的两个核心维度，6个基本维度，20个因子的具体内涵如下。

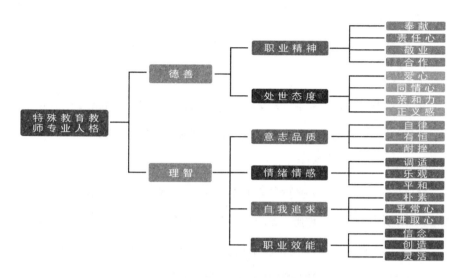

图 2-1　特殊教育教师职业人格理论模型

（1）德善维度：反映特殊教育教师在对待他人时体现出来的道德品质、价值观念和理想信念。

①职业精神：反映特殊教育教师对教育工作的认同、投入的特质。

※ 奉献：反映个体愿意为工作或他人付出时间、精力，但不求回报。

※ 责任心：反映个体在集体中有担当，对承担的任务认真、负责任的程度。

※ 敬业：反映个体基于对职业的敬畏和热爱而产生的一种全身心投入的认认真真、尽职尽责的职业精神状态。

※ 合作：反映个体在与人交往中面对观念差异和别人的缺点体现出的包容心，具有团队精神。

②处世态度：指个体在面对工作中的人和事的时候，能做到友善、包容、无私和坚持原则，公平公正。

※ 爱心：反映个体爱护生命的态度，基于同情心表现出来的对人的友

好、温厚、关心、爱护，不怀恶意地对待别人。

※ 同情心：反映个体在面对他人的不幸时表现出来的怜悯，愿意在行动上给予支持。

※ 亲和力：反映个体在与人交往时表现出来的随和、亲切和安全的感觉。

※ 正义感：指追求正义、伸张正义的道德意识和行为，反映个体能按原则判断和处理事情，能考虑各方利益，不偏袒某一方。

（2）理智维度：反映特殊教育教师在工作情境中，面对各种任务所表现出来的用以认识、理解、思考和决断的能力。

①意志品质：指个体在行动中具有明确的目的，不屈从于周围人的压力，按照自己的信念、知识和行为方式进行行动的品质。

※ 自律：反映个体能否善于控制和支配自己行动方面的意志品质。

※ 有恒：反映个体能坚持决定，百折不挠地克服困难和障碍，完成既定目的方面的意志品质。

※ 耐挫：反映个体遇到挫折时，能积极自主地摆脱困境并使其心理和行为免于失常的能力，包含挫折容忍力和挫折超越力。

②情绪情感；指人对事物的态度的体验，是人的需要得到满足与否的反映，具有特殊的主观体验。

※ 调适：反映个体能在遇到人际矛盾或困难时，善于倾听和沟通，能对认知、情绪、意志、意向等心理活动进行调整，以保持或恢复正常状态，能与人合作良好。

※ 乐观：反映个体面对工作保持积极向上的心态，遇到不好的境况时能往好的方向去想。

※ 平和：反映个体情绪稳定的心境。

③自我追求：指个体对自我在名利方面的要求。

※朴素：反映个体在物质生活方面甘于清贫，物质欲望低。

※平常心：反映个体少功利心，有从容淡定的自信心。

※进取心：反映个体不满足于现状，坚持不懈地向新的目标追求的蓬勃向上的心理状态。

④职业效能：指个体对其组织和实施达成特定目标所需行为过程的能力的信念。

※信念：反映个体对自己要做的事有坚定的判断。

※创造：反映个体在工作和生活中遇到问题时，表现出来的求知和另辟蹊径解决问题的心态。

※灵活：反映个体在工作和生活中遇到问题时，不钻牛角尖，心态平和地想办法解决问题的品质。

第3章 特殊教育教师职业人格量表的编制

3.1 研究目的

编制一个适用于特殊教育教师的职业人格量表，并检验量表的信度和效度。

3.2 研究方法

3.2.1 编制初始问卷

根据初步建构的特殊教育教师职业人格理论模型，通过访谈、问卷、参考已有的比较成熟的人格测评工具，以及有关普通教育教师职业人格研究的相关测验，编制特殊教育教师的职业人格问卷。在此基础上，还依据理论模型建构的因子，对在校的特殊教育专业的本科生和研究生进行了访谈，结果表明，被试者对初步构建的特殊教育教师职业人格问卷维度认同度比较高。

　　界定了特殊教育教师职业人格各维度的项目因子的内涵后，依据访谈结果，参照相关测量工具编制了初步的问卷，共设计了160个项目的量表初稿。完成初稿后，送交至10位特殊教育、心理学的专家及博士和硕士研究生处，请专家对这些项目进行深入细致的评估，评估与修订的内容主要有五方面：一是删除那些与人格因子内涵不符的项目，如"我乐意把自己的一生献给特殊教育事业"；二是对同质性较高的因子和项目进行合并和删减，如在"意志品质"的"有恒"因子中将"我能长时间做一件重要但枯燥的事"和"我能做到每天按时起床""我有一些一直坚持的好习惯"合并为"有一些别人认为难的事，我坚持下来了"；三是对表述模棱两可，可能会有社会赞许效应的项目，请专家提出修改建议，如将"处世态度"维度中"正义感"因子中"我对所有人一视同仁，不因人而异"改为"如果有人歧视外地人，我会愤愤不平"；四是对项目中描述不够准确的项目进行重新设计，使其更符合特殊教育教师的工作实际，如在"处世态度"的"爱心"因子中，将原项目"只要特殊孩子有需要，我就愿意帮助他们"修改为"外出活动学生没有带水杯，我愿意把自己的水杯借给他用"；五是请专家就量表中没有包含进去，但专家觉得有必要补充进去的项目提出建议，如在"职业精神"的"奉献"因子中增加了"从事特殊教育工作，要付出很多时间和精力，但我愿意"，在"责任心"因子中增加了"学生有突发情况，不论多晚我一定会和家长沟通好"等。

　　根据专家对内容及表述方式的建议进行修改，最终形成包含100个项目的初测问卷，采用李克特5点计分，1代表非常不同意，5代表非常同意。

3.2.2　试测与修订

为初步检测初始问卷的结构与题目的质量，进行小规模初测。初测对象为黑龙江、广东、广西、山西四省共 4 所学校的在职特殊教育教师，初测发放问卷 423 份，有效回收问卷数为 398 份。问卷回收后，对初测结果进行项目分析。项目分析主要包括两条主线：（1）先将所有受试者的得分由高到低进行排序，然后分别取得分在前 27% 和后 27% 的得分作为高低分组的临界点，之后对高分组和低分组的平均分差异进行显著性检验；（2）考查每个题目与量表总分之间的相关关系。项目分析结果显示，所有题目上的高低分组得分的差异均显著，各题目得分与量表总分的相关性显著，因此保留所有题目进行进一步的分析。根据"共同度高于 0.20、决断值（CR）达到 0.001、题总相关大于 0.20"的准入条件，删除 54 道题目，形成包含 46 道题目的特殊教育教师职业人格正式问卷。

3.2.3　正式取样

基于方便抽样的原则，采用完全随机抽样的方法，对黑龙江、广东、广西和山西四个省共 38 所特殊教育学校的教师进行测试，共发放问卷 1169 份，在剔除作答时间异常、规律性作答、作答严重不完整等情况的问卷后，最终获得有效问卷 1 089 份，有效回收率为 93%。其中，男性教师 210 人，女性教师 879 人，年龄范围在 22 ~ 60 岁，平均年龄为 34 岁，教龄在 1 ~ 37 年，其中 5 年以下教龄的有 400 人，6 ~ 15 年教龄的有 383 人，16 年以上的有 306 人。

进一步依照样本的代表性将 1 089 份有效问卷分为两部分，其中样本 1 包含 541 份样本，将所测得的数据借助 SPSS20.0，用于探索性因素分析初步建构特殊教育教师职业人格的理论模型；样本 2 包含 548 份样本数据，基于样本 2 试测所得数据，一方面借助 Amos17.0 进行验证性因素分析，对理论模型进行修正，另一方面，用于考察正式量表的信度、区分度等其他测量学特征。

3.3　结果与分析

3.3.1　探索性因子分析

在进行探索性因子分析之前，首先要对因子分析的可行性进行检验，结果显示，KMO=0.954，大于 0.8 的标准，同时，巴特利特球形检验发现，近似 χ^2=14 874.973（df=630，$p < 0.001$），综上，数据样本非常适合进行因子分析。

选用主成分分析法（principal component analysis，PCA）对正式问卷的 46 个项目进行探索性因子分析（exploratory factors analysis，EFA），根据碎石图（如图 3-1 所示）呈现的最大拐点位于第 8 个因素以及方差解释的百分比，抽取 7 个公共因子较为合适，7 个公共因子的累计方差解释率为 60.04%（见表 3-1），进一步采用方差最大正交旋转法（varimax）求出因子载荷矩阵，各题项在各自因子上的载荷系数如表 3-2 所示。接下来，依照如下标准删除不符合要求的题目：① 因子载荷值小于 0.4；② 共同度小于 0.2；③ 具有多重载荷，且载荷值接近；④ 题项归类与原有理论模型内容冲突。最终经过探索性因素分析，36 道题目得以保留，分属 7 个因子（维度），各维度命名及包含题项如表 3-3 所示。

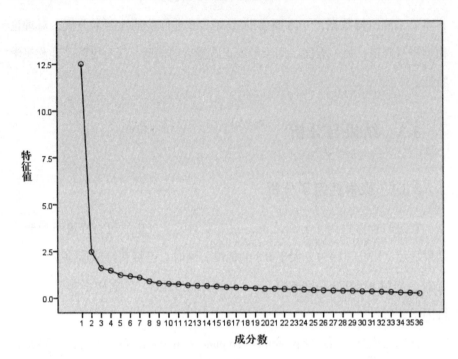

图 3-1　探索性因子分析碎石图

表 3-1　因子累计方差解释率

公共因子	特征值	方差贡献率（%）	累计方差贡献率（%）
1	4.099	11.387	11.387
2	3.945	10.957	22.344
3	3.844	10.678	33.021
4	2.975	8.264	41.285
5	2.524	7.011	48.296
6	2.196	6.099	54.395
7	2.031	5.641	60.036

表 3-2　各题项在各自因子上的载荷系数

题项	因子 1	因子 2	因子 3	因子 4	因子 5	因子 6	因子 7
11	0.680						
18	0.670						
12	0.633						
14	0.599						
19	0.592						
16	0.592						

题项	因子1	因子2	因子3	因子4	因子5	因子6	因子7
17	0.585						
10	0.570						
98		0.817					
97		0.787					
96		0.734					
92		0.694					
94		0.643					
100		0.563					
43			0.728				
44			0.719				
45			0.689				
41			0.676				
38			0.621				
42			0.604				
27				0.712			
30				0.673			
28				0.672			
31				0.574			
36				0.563			
84					0.746		
81					0.707		
82					0.689		
85					0.595		
70						0.780	
66						0.714	
68						0.713	
1							0.765
4							0.629
3							0.580
2							0.509

表3-3　因子命名

因子序号	因子命名	项目分布	题项数
因子1	事业心	11，18，12，14，19，16，17，10	8
因子2	效能感	98，97，96，92，94，100	6
因子3	自控力	43，44，45，41，38，42	6
因子4	同情心	27，30，28，31，36	5
因子5	进取心	84，81，82，85	4
因子6	平和心境	70，66，68	3
因子7	奉献精神	1，4，3，2	4

基于探索性因子分析的因子提取结果，"进取心""平和心境""奉献精神"这三个因子与原假设分布基本一致，"敬业"与"合作"可合并为"事业心"；"创造"与"灵活"可合并为"效能感"；"正义感"和"自律"可合并为"自控力"；"亲和力"并入"同情心"，其余因子做舍弃处理。总体来说，特殊教育教师职业人格的结构与理论构想的维度是一致的，每个因子都与理论构想中的维度相对应，新的结构更加直观，凸显了奉献精神，这样的结构和因子分类更加符合特殊教育职业的特点。

3.3.2 信度检验

信度检验采用内部一致性系数（Cronbach's α）作为指标，总量表以及各个因子题项的 Cronbach's α 系数在 0.707 ~ 0.952，分半信度系数在 0.721 ~ 0.901，所有指标均大于 0.7（如表 3-4 所示），因此，特殊教育教师职业人格预测量表具有较好的内部一致性。

表 3-4　特殊教育教师职业人格预测量表信度分析

信度分析	总量表	事业心	效能感	自控力	同情心	进取心	平和心境	奉献精神
Cronbach's α	0.952	0.892	0.874	0.844	0.823	0.883	0.837	0.707
分半信度	0.878	0.901	0.829	0.803	0.745	0.878	0.748	0.721

3.3.3 效度检验

通过验证性因子分析，检验实际测量数据与假设理论模型之间的拟合程度，即结构效度检验，从而验证构建模型的稳定性与可靠性。经计算，获得验证性因子分析指标，结果如表 3-5 所示，结果发现：$\chi^2/\mathrm{d}f < 3$，GFI > 0.9，CFI > 0.9，RMR < 0.04，RMSEA < 0.08。由此表明，测量数据与构建模型之间拟合合理，由探索性因子分析得到的 7 个因子模型结构稳定、可靠，特殊教育教师职业人格预测量表具有较好的结构效度。

表 3-5　验证性因子分析结果

χ^2	df	χ^2/df	GFI	CFI	AGFI	NFI	RMR	RMSEA	PGFI
1 666.783	562	2.966	0.918	0.942	0.903	0.916	0.026	0.043	0.775

综合信度分析与效度分析结果，特殊教育教师职业人格预测量表的信度与效度良好，符合心理与教育统计学标准，能够成为特殊教育教师职业人格的测量工具，测量结果稳定、可靠。

3.4　讨论

从已有的研究来看，国内外对特殊教育教师职业人格的专门研究并不多，因此，特殊教育教师的职业人格包含什么内容、相互关系是什么也就无法直接与本研究结果相比较。但从本研究结果出发，有必要进一步讨论和印证所得出的职业人格特质及其结构。与职业人格研究内容比较接近的是对特殊教育教师的职业素质、胜任力的研究。兰继军（2004）基于对西部特殊教育教师素质的研究提出，特殊教育教师的师德水平高低表现在特殊教育教师是否能发自内心地对特殊儿童表现出关爱、能否在工作中面对问题时做到创造性工作、能否兢兢业业地做好自己的工作，这与本研究结论中特殊教育教师人格结构中的同情心、奉献精神、事业心和进取心是一致的。兰继军还认为特殊教育教师在教育教学中还需要保持积极健康的心理状态和创新意识。创新精神是贯穿特殊教育教师一切活动的最本质的特征，而这两点也与本研究获得的特殊教育教师职业人格结构中的"平和心境""进取心"和"效能感"是一致的。丁勇（2006）认为，特殊教育教师除了应该具有普通教师一般的素质外，还应有特殊教育教师特别需要的专业道德、专业知识和专业能力。其中，对于一个特殊教育教师来说，最重要的专业道德品质之一是对人及教育事业深深的热爱和为之奋斗终身的崇高理想及信念。丁勇还提出作为特殊教育教师，还应具有公正、平等、尊重、非歧视性、在职业实践中客观评估、强烈的团队合作意识等专业道德。此外，还应具有良好的个性品质，这包括积极向上的工作动机，正确的自我意识和自我评价，耐心、恒心、坚韧、平衡、泰然、自信、幽默、机智和良好的心理调适、调控能力等积极健康的个性品质。丁勇的研究结果与本研究中得出的结论基本一致，热爱特殊教育工作的崇高理想和信念与"奉献精神"和"事业心"是一致的；尊重、非歧视与"同情心"是一致的；耐心、恒心、坚韧的品质与职业人格结构中的"自控力"相一致；良好的心理调控能力反映的是教师心态和心境。赵巧云（2009）提出，特殊教育教师的内在素质主要包括崇高的专业道德和人道主义服务精神、先进的教育理念和正确的教育信念、复合型知识结构和综合型能力结构、健康心理和良好个性品质、自我专业发展需要和意识等。崇高的专业道德和人道主义服务精神属特殊教育教师素质最高层次，是特殊教育教师专业发展的核心内容。积极稳定的专业态度和动机，正确的自我意识和自我评价，公正、友善、真诚、温和以及自信乐观的性格，爱心、耐心、恒心以及坚韧、幽默和机智对特殊教育工作都是不可缺少的。赵巧云对特殊教育教师的素质和职业人格内容进行对比，人道主义精神是"奉献精神"和"同情心"的组合；积极稳定的专业态度和动机的具体体现就是"事业心"和"进取心"；公正、友善、真诚、温和可以体现为"平和的心境"；恒心与坚韧体现的是"自控力"。总体来说，赵巧云关于特殊教育人格素质的结论与本研究获得职业人格结构内容大致相同。王辉（2015）认为，特殊教育教师的素质包含两个模块、七个要素。两个模块一是指外显性、专业性模块，二是指内隐性、基础性模块。七个要素是指专业性模块中的显性人格、知识与能力，基础性模块中的隐性人格、知识、能力，以及通过外显性行为表现出来的职业性的综合知识与技能。其中，人格主要指显性的职业态度、职业认知、职业道德，包括对特殊教育教师这个职业的理解与认识、对学生的态度与行为、对教育教学的态度与行为、特殊教育教师个人的修养与行为。王辉的研究列出了特殊教育教师的人格内容，但未从具体的人格特质展开，不过从内容可以看出其比较注重人格内化后外在的观念和行为表现。石学云（2015）对特殊教育教师的胜任力进行研究，提出了五维度和六维度两个胜任力结构模型，其中六维度胜任力模型优于五维度模型。六维度分别是动力特征、人际交往、能力特征、个人特征、职业道德、专业素养。六个维度总共有 18 个胜任特征，其中，动力特征中的"成就动机"和"效能感"与本研究发现的职业人格结构中的"效能感"非常一致；动力特征维度中"职业热情"和职业道德维度中的"职业忠诚"与本研究发现的职业人格结构中的"事业心"是一致的；人际交往维度中的"团队合作""理解他人"和个人特质维度中的"稳定的情绪"与本研究中发现的职业人格结构中的"进取心"和"平和心境"比较相近；职业道德维度中的"奉献精神"和"爱心"与本研究发现的职业人格结构中的"奉献精神"和"同情心"高度一致；个人特质维度中的"坚强的意志"与本研究中发现的职业人格结构中的"自控力"是一致的。

综合以上已有研究结果，我们可以发现，特殊教育教师群体确实有其独特的人格结构。但以往的研究大多是提取了特殊教育教师的人格特质，将其作为特殊教育教师素质或胜任力的一部分来分析的。本研究对职业人格专门加以研究，并建立了特殊教育教师的职业人格结构。这一结构包含 7 个因子，从上文的对比和分析中可以看出，学者们的研究结果从侧面印证了本研究的结论。但特殊教育教师的职业人格结构中各个因子的内涵是什么，它们之间的关系是什么，这些因子对特殊教育教师工作绩效和成就感的预测有没有差异，还需要进一步的研究。

第4章 特殊教育教师职业人格特质表现状况

4.1 研究目的

探讨我国特殊教育教师核心职业人格特质的整体状况以及在人口统计学变量上的差异，从而形成我国特殊教育教师核心职业人格特质的现状资料与一般特征。

4.2 研究方法

采用完全随机抽样的方法，在我国东北、华北、华东、华南、华中、西北、西南七大片区的 18 个省、直辖市、自治区的特殊教育学校抽取教师样本，借助"问卷星"在线测试平台共发放问卷 3 782 份，回收 3 782 份，在剔除作答时间异常、规律性作答、作答严重不完整等情况的问卷后，最终获得有效问卷 3 635 份，有效回收率为 96.1%。被试基本信息如表 4-1 所示。

统计方法采用独立样本 t 检验与单因素方差分析，借助 SPSS20.0 进行。

表 4-1　被试基本信息

分类		人数（人）	百分比(%)	分类		人数（人）	百分比（%）
性别	男	696	19.1	教龄	5 年以下	938	25.8
	女	2 939	80.9		6 ~ 15 年	1 031	28.4
年龄	20 ~ 30 岁	1 019	28.0		16 年以上	1 666	45.8
	31 ~ 40 岁	1 220	33.6	区域	发达地区	1 143	31.4
	41 ~ 50 岁	1 098	30.2		较发达地区	139	3.8
	51 ~ 60 岁	298	8.2		欠发达地区	18	0.5
职称	初级及以下	1 646	45.3	学历	学士	1 341	36.9
	中级	1 476	40.6		硕士	1 614	44.4
	副高级	507	13.9		博士	680	18.7
	正高级	6	0.2		其他	1 341	36.9
总计	3 635						

4.3　研究结果

4.3.1　我国特殊教育教师职业人格总体状况

我国特殊教育教师职业人格研究样本量以及样本各个维度的平均值和标准差等描述性统计的结果如表 4-2 所示。

表 4-2　我国特殊教育教师职业核心人格特质的描述性统计

维度	*N*	*M*	SD
事业心	3 635	36.823	3.983
效能感	3 635	24.845	3.942
自控力	3 635	28.196	2.804
同情心	3 635	22.637	2.737
进取心	3 635	18.423	2.134
平和心境	3 635	12.852	2.269
奉献精神	3 635	15.942	2.932

4.3.2　我国特殊教育教师职业人格性别差异

根据独立样本 t 检验结果（如表 4-3 所示），我国特殊教育教师的事业心、效能感、自控力和奉献精神在性别上存在显著差异，具体表现为，在事业心得分上，男性教师显著低于女性教师（t=−2.451，$p < 0.05$）；在效能感得分上，男性教师显著高于女性教师（t=5.206，$p < 0.001$）；在自控力得分上，男性教师显著低于女性教师（t=−2.858，$p < 0.01$）；在奉献精神得分上，男性教师显著高于女性教师（t=2.368，$p < 0.05$）。此外，特殊教育教师在同情心、进取心与平和心境上的得分不存在显著的性别差异。

表 4-3　我国特殊教育教师职业人格性别差异的独立样本 t 检验

维度	性别	$M \pm SD$	t	p
事业心	男	36.493 ± 4.572	−2.451*	0.014
	女	36.901 ± 3.824		
效能感	男	25.541 ± 3.865	5.206***	0.000
	女	24.689 ± 3.952		
自控力	男	27.926 ± 3.109	−2.858**	0.004
	女	28.252 ± 2.720		
同情心	男	22.668 ± 2.935	0.274	0.784
	女	22.633 ± 2.698		
进取心	男	18.342 ± 2.280	−1.007	0.314
	女	18.432 ± 2.108		
平和心境	男	12.934 ± 2.241	1.108	0.268
	女	12.834 ± 2.272		
奉献精神	男	16.184 ± 3.190	2.368*	0.018
	女	15.888 ± 2.862		

注："*"表示在 0.05 水平上达到显著性；"**"表示在 0.01 水平上达到显著性；"***"表示在 0.001 水平上达到显著性。

4.3.3　我国特殊教育教师职业人格年龄差异

借助单因素方差分析对我国特殊教育教师职业人格年龄差异进行分析，其中，事后比较采用 LSD 法。单因素方差分析与事后多重比较结果表明（如表 4-4 所示），我国特殊教育教师职业人格全部因子得分均存在显著的年龄差异，具体表现为，20 ~ 30 岁教师在事业心（F=35.707，$p < 0.001$）、效能感（F=14.018，$p < 0.001$）、自控

力（$F=30.165$，$p < 0.001$）、同情心（$F=28.250$，$p < 0.001$）、进取心（$F=34.416$，$p < 0.001$）和奉献精神（$F=35.707$，$p < 0.001$）维度上的得分显著低于其他较年长教师群体；51～60岁教师在事业心（$F=35.707$，$p < 0.001$）、效能感（$F=14.018$，$p < 0.001$）、自控力（$F=30.165$，$p < 0.001$）、同情心（$F=28.250$，$p < 0.001$）、进取心（$F=34.416$，$p < 0.001$）和奉献精神（$F=35.707$，$p < 0.001$）维度上的得分显著高于其他较年轻的教师群体。

表4-4　我国特殊教育教师职业人格年龄差异的单因素方差分析与事后多重比较

维度	年龄分组	$M \pm SD$	df	MS	F	p	事后多重比较
事业心	1. 20～30岁	35.805 ± 4.318	3	549.471	35.707***	0.000	1 < 2, 3, 4
	2. 31～40岁	36.954 ± 4.006					
	3. 41～50岁	37.407 ± 3.588					
	4. 51～60岁	37.675 ± 3.412					
效能感	1. 20～30岁	24.338 ± 3.992	3	215.734	14.018***	0.000	1 < 2, 3, 4
	2. 31～40岁	24.800 ± 4.002					
	3. 41～50岁	25.098 ± 3.843					
	4. 51～60岁	24.841 ± 3.942					
自控力	1. 20～30岁	27.595 ± 3.030	3	231.155	30.165***	0.000	1 < 2, 3, 4
	2. 31～40岁	28.152 ± 2.938					
	3. 41～50岁	28.604 ± 2.433					
	4. 51～60岁	28.871 ± 2.284					
同情心	1. 20～30岁	22.029 ± 2.959	3	206.583	28.250***	0.000	1 < 2, 3, 4
	2. 31～40岁	22.688 ± 2.734					
	3. 41～50岁	23.003 ± 2.488					
	4. 51～60岁	23.156 ± 2.520					
进取心	1. 20～30岁	18.158 ± 2.208	3	34.416	7.606***	0.000	1 < 2, 3, 4
	2. 31～40岁	18.483 ± 2.201					
	3. 41～50岁	18.542 ± 2.005					
	4. 51～60岁	18.615 ± 2.052					
平和心境	1. 20～30岁	12.621 ± 2.295	3	70.737	13.952***	0.000	4 > 1, 2, 3
	2. 31～40岁	12.779 ± 2.286					
	3. 41～50岁	12.965 ± 2.277					
	4. 51～60岁	13.535 ± 1.939					
奉献精神	1. 20～30岁	15.522 ± 2.921	3	185.629	21.983***	0.000	1 < 2, 3, 4
	2. 31～40岁	15.798 ± 2.931					
	3. 41～50岁	16.263 ± 2.877					
	4. 51～60岁	16.831 ± 2.913					

注："*"表示在 0.05 水平上达到显著性；"**"表示在 0.01 水平上达到显著性；"***"表示在 0.001 水平上达到显著性。

4.3.4 我国特殊教育教师职业人格地域差异

依据区域总体经济水平，将特殊教育学校所在地区划分为发达地区、较发达地区与欠发达地区。我国特殊教育教师职业人格地域差异的单因素方差分析结果显示（如表 4-5 所示），我国特殊教育教师职业人格全部因子得分均存在显著的地域差异。事后多重比较结果进一步表明：在职业人格的各个维度上，较发达地区教师均高于发达地区与欠发达地区。

表 4-5 我国特殊教育教师职业人格地域差异的单因素方差分析与事后多重比较

维度	地区	$M \pm SD$	F	事后多重比较
事业心	1. 发达地区	36.430 ± 3.800	23.770***	2 > 1, 3
	2. 较发达地区	37.324 ± 3.889		
	3. 欠发达地区	36.400 ± 4.110		
效能感	1. 发达地区	24.331 ± 3.818	16.478***	2 > 1, 3
	2. 较发达地区	25.167 ± 4.022		
	3. 欠发达地区	24.609 ± 4.232		
自控力	1. 发达地区	28.067 ± 2.508	10.903***	2 > 1, 3
	2. 较发达地区	28.450 ± 2.810		
	3. 欠发达地区	27.975 ± 3.021		
同情心	1. 发达地区	22.285 ± 2.629	29.603***	2 > 1, 3
	2. 较发达地区	23.011 ± 2.686		
	3. 欠发达地区	22.429 ± 2.968		
进取心	1. 发达地区	18.192 ± 2.107	15.652***	2 > 1, 3
	2. 较发达地区	18.620 ± 2.117		
	3. 欠发达地区	18.361 ± 2.213		
平和心境	1. 发达地区	12.579 ± 2.225	20.880***	2 > 1, 3
	2. 较发达地区	13.113 ± 2.289		
	3. 欠发达地区	12.783 ± 2.261		
奉献精神	1. 发达地区	15.446 ± 2.777	38.288***	2 > 1, 3
	2. 较发达地区	16.378 ± 2.901		
	3. 欠发达地区	15.903 ± 2.956		

注："*"表示在 0.05 水平上达到显著性；"**"表示在 0.01 水平上达到显著性；"***"表示在 0.001 水平上达到显著性。

4.3.5 我国特殊教育教师职业人格教龄差异

我国特殊教育教师职业人格在教龄变量上的差异的单因素方差分析结果如表 4-6 所示。特殊教育教师职业人格的所有维度在教龄变量上的差异显著。结合事后多重比较结果发现：在事业心（$F=49.567$，$p < 0.001$）、效能感（$F=17.140$，$p < 0.001$）、自控力（$F=50.275$，$p < 0.001$）和同情心（$F=46.139$，$p < 0.001$）四个维度上，教龄在 6～15 年的教师得分显著高于教龄在 5 年及以下的教师；教龄在 15 年以上的教师得分显著高于其他教龄较短的教师群体。

在平和心境（$F=8.866$，$p < 0.001$）和奉献精神（$F=21.117$，$p < 0.001$）两个维度上，教龄在 15 年以上的教师得分显著高于其他教龄较短的教师群体。

在进取心维度上（$F=11.016$，$p < 0.001$），教龄在 5 年及以下的教师得分显著低于其他教龄较长的教师群体。

表 4-6　我国特殊教育教师职业人格教龄差异的单因素方差分析与事后多重比较

维度	教龄	$M \pm SD$	MS	F	p	事后多重比较
事业心	1. 5 年及以下	35.803 ± 4.501	764.178	49.567***	0.000	2 > 1 3 > 1, 2
	2. 6～15 年	36.822 ± 4.001				
	3. 15 年以上	37.394 ± 3.518				
效能感	1. 5 年及以下	24.267 ± 3.996	264.263	17.140***	0.000	2 > 1 3 > 1, 2
	2. 6～15 年	24.821 ± 4.045				
	3. 15 年以上	25.191 ± 3.829				
自控力	1. 5 年及以下	27.501 ± 3.188	384.112	50.275***	0.000	2 > 1 3 > 1, 2
	2. 6～15 年	28.125 ± 2.908				
	3. 15 年以上	28.623 ± 2.406				
同情心	1. 5 年及以下	21.946 ± 3.037	336.630	46.139***	0.000	2 > 1 3 > 1, 2
	2. 6～15 年	22.687 ± 2.715				
	3. 15 年以上	22.998 ± 2.505				
进取心	1. 5 年及以下	18.132 ± 2.231	49.842	11.016***	0.000	1 < 2, 3
	2. 6～15 年	18.515 ± 2.152				
	3. 15 年以上	18.510 ± 2.051				

续表

维度	教龄	$M \pm SD$	MS	F	p	事后多重比较
平和心境	1. 5 年及以下	12.664 ± 2.221	45.234	8.866***	0.000	3 > 1, 2
	2. 6 ~ 15 年	12.753 ± 2.381				
	3. 15 年以上	13.023 ± 2.219				
奉献精神	1. 5 年及以下	15.545 ± 2.904	179.421	21.117***	0.000	3 > 1, 2
	2. 6 ~ 15 年	15.779 ± 2.911				
	3. 15 年以上	16.276 ± 2.930				

注："*"表示在 0.05 水平上达到显著性；"**"表示在 0.01 水平上达到显著性；"***"表示在 0.001 水平上达到显著性。

4.3.6 我国特殊教育教师职业人格职称差异

基于单因素方差分析和事后多重比较结果（如表 4-7 所示），发现人口学变量中的教师职称对特殊教育教师职业人格中除平和心境之外的其他维度影响显著。具体表现为：

在事业心（$F=23.193$，$p < 0.001$）、自控力（$F=14.941$，$p < 0.001$）、同情心（$F=12.062$，$p < 0.001$）和奉献精神（$F=9.922$，$p < 0.001$）四个维度上，具有中级职称教师的得分显著高于初级及未定级教师；具有副高级职称教师的得分显著高于中级职称和初级及未定级教师。

在效能感维度上（$F=7.061$，$p < 0.001$），具有中级职称教师的得分显著高于初级及未定级教师；具有副高级职称教师的得分显著高于初级及未定级教师。

在进取心维度上（$F=2.676$，$p < 0.05$），具有副高级职称教师的得分显著高于初级及未定级教师。

表 4-7　我国特殊教育教师职业人格职称差异的单因素方差分析与事后多重比较

维度	教龄	$M \pm SD$	MS	F	p	事后多重比较
事业心	1. 初级及未定级	36.282 ± 4.275	360.523	23.193***	0.000	2 > 1 3 > 1, 2
	2. 中级	37.092 ± 3.870				
	3. 副高级	37.791 ± 2.915				
	4. 正高级	35.330 ± 6.023				
效能感	1. 初级及未定级	24.547 ± 4.035	109.284	7.061***	0.000	2 > 1 3 > 1
	2. 中级	25.006 ± 3.908				
	3. 副高级	25.362 ± 3.693				
	4. 正高级	26.178 ± 4.262				
自控力	1. 初级及未定级	27.870 ± 3.012	115.913	14.941***	0.000	2 > 1 3 > 1, 2
	2. 中级	28.388 ± 2.732				
	3. 副高级	28.683 ± 2.058				
	4. 正高级	26.834 ± 4.926				
同情心	1. 初级及未定级	22.357 ± 2.900	89.371	12.062***	0.000	2 > 1 3 > 1, 2
	2. 中级	22.796 ± 2.655				
	3. 副高级	23.080 ± 2.286				
	4. 正高级	22.179 ± 3.829				
进取心	1. 初级及未定级	18.331 ± 2.193	12.159	2.676*	0.046	3 > 1
	2. 中级	18.431 ± 2.122				
	3. 副高级	18.640 ± 1.944				
	4. 正高级	18.172 ± 3.130				
平和心境	1. 初级及未定级	12.762 ± 2.262	12.770	2.495	0.058	
	2. 中级	12.908 ± 2.288				
	3. 副高级	13.002 ± 2.170				
	4. 正高级	11.672 ± 4.461				
奉献精神	1. 初级及未定级	15.680 ± 2.913	84.612	9.922***	0.000	2 > 1 3 > 1, 2
	2. 中级	16.081 ± 2.942				
	3. 副高级	16.394 ± 2.883				
	4. 正高级	17.170 ± 3.376				

　　注："*"表示在 0.05 水平上达到显著性；"**"表示在 0.01 水平上达到显著性；"***"表示在 0.001 水平上达到显著性。

4.4　讨论

4.4.1　特殊教育教师的职业人格发展水平

我国特殊教育教师职业人格的总体水平比较好，但差异性明显，发展水平不均衡。从职业人格核心特质的描述性统计中可以看出，在 7 个维度上的平均得分均达到 4 分左右，这表明我国特殊教育教师职业人格的总体发展水平是比较好的，这一结论与部分学者对特殊教育教师心理状况的研究有一定出入。多项研究发现，特殊教育教师在心理健康方面存在一定的问题，高于国内常模（李季平，2001；徐美贞，2004）。有学者对不同地区的特殊教育教师的心理状况进行比较，也发现特殊教育教师的心理健康状况总体都要高于全国常模（商秀梅和李高明，2007；申仁洪和林欣，2007）。有研究进一步发现，特殊教育教师的心理问题与教龄和年龄相关，学历高的心理问题可能会更加突出，而从事智障教育的特殊教育教师要比从事听障教育的教师心理健康水平差（朱琳，2005）。出现这种差异的原因可能有两方面，一方面是因为上述的研究都是在十多年前，当时特殊教育的发展整体上来说还是在起步阶段，特殊教育教师的人员结构、整体素质都相对处于较低的水平；另一方面是因为近些年国家出台了一系列政策，推动特殊教育发展，使特殊教育的软件和硬件都得到了较大的提升，这也为特殊教育教师队伍结构的优化提供了条件，对特殊教育教师心态和观念的调整形成了支持。当然，我们也不可否认，职业人格的问卷很多情境的设计都难免与个体的道德行为相关，这也会产生个体的赞许效应。

4.4.2 特殊教育教师的职业人格人口学变量分析

4.4.2.1 特殊教育教师职业人格的性别差异

本研究显示，特殊教育教师职业人格存在显著的性别差异。从查阅文献的情况来看，以往研究中还没有对特殊教育教师职业人格的性别差异做过专门研究。有研究人员对高校教师的职业人格进行研究发现，男女教师在职业人格方面确实存在差异，且男教师在"进取性"因子上显著高于女教师（蒋超，2015）。这一结论与本研究的发现不一致，本研究发现特殊教育教师在同情心、进取心与平和心境上并无显著差异，具体原因还需要进一步探究。相比之下，特殊教育男教师在"效能感"和"奉献精神"上较女教师的得分高，而在"事业心"和"自控力"上，女教师得分则高于男教师。造成这种差别的原因可能来自两个方面，一方面是选择从事特殊教育的男教师人数比较少，而男教师选择特殊教育工作的原因可能是出于自我牺牲的勇气，这种动机也会促使男教师更在乎自己的能力，这会影响到实际工作中的效能感；另一方面，女教师之所以在"事业心"上有高的得分是因为女教师在工作中更愿意表现出踏实、敬业，并且在情绪的控制方面有社会性的原因，女教师更加注重约束自己的言行，面对工作的要求也更加自律。

4.4.2.2　特殊教育教师职业人格的年龄差异

特殊教育教师职业人格在年龄变量上存在着显著的差异，但这种差异呈现出一种水平上的明显趋向。相对而言，随着年龄的增长，特殊教育教师的职业人格总体水平越来越高。在问卷调查的特殊教育教师的比例中，51 岁以上的人数为 298 人，占比 8.2%，其他三个年龄段占比相近。随着年龄的增长，个体的人格会越来越趋于稳定，年龄较高的特殊教育教师群体的职业人格水平相对比较高，其实是符合职业人格本身的定义和特性的。职业人格是个体人格的一部分，会随着职业生涯的变化而变化，超过 50 岁的特殊教育教师大多出生在 20 世纪 60 年代，20 世纪 80 年代末 90 年代初参加工作，这些教师在那个年代选择特殊教育工作很多是因为对特殊儿童的同情或教育者的情怀，所以，随着工作经历的丰富，他们的人格也越来越完善，更加符合特殊教育的需要。相比而言，30 岁以下的教师，在"平和心境"以外的 7 个维度上的职业人格水平都显著低于年长的三个年龄段的教师。出现这种差异的原因，一方面可能是年轻教师的工作经验不够丰富，而实践中工作的能力，特别是处理学生问题的能力会影响教师对工作本身的看法，另一方面，年轻特殊教育教师大多是 2010 年后参加工作的，这些年轻教师中很多是自己选择的特教工作，所以即使面对工作中的一些挫折，也依然能调整心态，这也符合现代年轻人独立自主的心境。

4.4.2.3　特殊教育教师职业人格的地域差异

特殊教育教师的职业人格在地域变量上存在着显著的差异。本研究在地域变量中按经济水平进行了划分，从结果上来看，经济较发达地区的特殊教育教师在职业人格的各个维度上，水平都是最好的。出现这种差异的原因，可能是经济发达地区的特殊教育教师岗位竞争比较激烈，要应对的工作挑战比较大，虽然发达地区可能挑选到能力更好的老师进入特殊教育行业，但吸引这些老师的可能更多的是一些福利和待遇的影响，反而少了对工作本身的理解和认同，而经济欠发达地区的特殊教育教师有相当比例是从普教转入的，这些教师是被动选择特殊教育工作的，其人格特质与职业本身不匹配也是情理之中，相对而言，经济较发达地区可能会更容易挑选到适合的教师，且更容易获得成就感。

4.4.2.4　特殊教育教师职业人格的教龄差异

特殊教育教师的职业人格水平总体上是随着教龄的增加而提升的。这个结论一方面显示出了工作实践和工作情境对个体的影响是持续不断的，另一方面，也说明特殊教育教师职业人格的完善需要时间，而特殊教育学校营造良好的环境将会有利于教师人格的完善。

4.4.2.5　特殊教育教师职业人格的职称差异

特殊教育教师的职称需要一定的工作年限和工作绩效的积累才能获

得，所以总体而言，职称越高的老师在工作中的表现越优异。本研究显示，除"平和心境"维度外，在其余六个职业人格的维度上，职称越高的老师显示出越成熟的人格水平，这说明职称制度在某种意义上促进了个体人格的完善。在"平和心境"上，各职称段的老师没有表现出显著差异，原因可能有两方面，一方面是因为"平和心境"本是一类比较稳定的人格特质，不容易改变；另一方面的原因是，获得职称是外在的评价，且对于大多数老师而言，都有机会获得更高的职称，只是时间的问题，因此对心境的影响就不那么明显了。

4.5 研究结论

（1）总体来看，我国特殊教育教师的职业人格水平比较高。相比而言，"自控力""进取心"和"事业心"水平比较高，综合分析，"进取心"和"自控力"水平接近，相比而言"奉献精神"的水平略低。

（2）特殊教育教师的职业人格性别差异显著，且分布不平衡。在"事业心"方面，男教师显著低于女教师，在效能感方面，男教师对自我胜任工作的信心要高于女教师，在"自控力"方面，男教师整体水平低于女教师，在"奉献精神"上，男教师要比女教师更具有奉献精神。在"同情心""进取心"和"平和心境"上，男女教师表现相当。

（3）特殊教育教师职业人格的年龄差异显著。总体来看，20～30岁的年轻教师除了在"平和心境"维度外，其他六个维度都较年长教师的水平低。相对而言，51岁以上的特殊教育教师在"平和心境"以外的六个维度上人格水平都要优于低年龄段的教师。相比于其他三个年龄段，41～50岁的教师的心境最为平和。

（4）我国特殊教育教师的职业人格在地域间存在着显著的差异。在7

个维度上，经济较发达地区的特殊教育教师均高于经济欠发达地区和经济发达地区。

（5）总体来看，我国特殊教育教师的职业人格在教龄变量上存在着显著的差异。相比较而言，15年以上教龄的老师在职业人格的7个维度上都显著优于15年以下教龄的老师，6～15年教龄的老师在职业人格的7个维度上也都显著优于5年以下教龄的老师。

（6）总体来看，我国特殊教育教师的职业人格在职称变量上存在着显著的差异。相比较而言，副高级以上职称的老师在职业人格的7个维度上都显著优于中级及以下职称的老师，而中级职称的教师在职业人格的7个维度上也都显著优于初级或未定级的教师。

第5章　特殊教育教师职业人格特质相关研究

5.1　特殊教育教师核心职业人格特质对职业承诺的影响

5.1.1　研究目的

考查特殊教育教师核心职业人格特质是否与职业承诺相关，在此基础上，进一步检验特殊教育教师核心职业人格特质对特殊教育教师职业承诺的预测性。

5.1.2　研究方法

5.1.2.1　被试

采用完全随机抽样的方法，在我国东北、华北、华东、华南、华中、西北、西南七大片区的18个省、直辖市、自治区的特殊教育学校抽取教师样本，借助"问卷星"在线测试平台共发放问卷3 782份，回收3 782份，在剔除作答时间异常、规律性作答、作答严重不完整等情况的问卷后，最终获得有效问卷3 635份，有效回收率为96.1%。

5.1.2.2　工具

1.特殊教育教师职业人格问卷

采用自编的"特殊教育教师职业人格问卷"测量教师的职业人格特质，各维度采取李克特5点式记分法：1表示完全不符合，2表示不太符合，3表示基本符合，4表示比较符合，5表示完全符合。维度得分越高，表明该维度对应的人格特质水平越高。量表信效度检验详见第四章。

2.特殊教育教师职业承诺问卷

特殊教育教师的职业承诺问卷采用龙立荣等（2002）编制的中小学教师职业承诺问卷。该问卷具有良好的信效度，问卷具有良好的拟合指数，对问卷进行内部一致性检验，情感承诺、继续承诺和规范承诺的同置信度分别是0.88、0.79、0.74，职业承诺各维度与转职意愿均有显著的负相关，说明问卷有一定的同时效度，三因素解释了总变异的49.29%，说明问卷具有良好的构想效度。问卷包含情感承诺、继续承诺和规范承诺三个维度，共16道题目。其中"情感承诺"维度包含6个题目（1～6题），"继续承诺"包含5个题目（7～11题），"规范承诺"维度包含5个题目（12～16题）。采用李克特5点式记分法：1表示完全不符合，2表示不太符合，3表示基本符合，4表示比较符合，5表示完全符合。各分量表的分数为该因素中所有题目得分之和。分数越高，表明教师的职业承诺水平越高。

5.1.3　研究结果

5.1.3.1　特殊教育教师职业承诺的现状特征

表5-1显示了样本在职业承诺总分以及各个维度上的最小值、最大值、

平均值和标准差等分析结果。

表 5-1　特殊教育教师职业承诺的描述性统计

维度	N	最小值	最大值	M	SD
情感承诺		6	30	23.343	5.462
继续承诺	3635	5	25	15.220	5.064
规范承诺		5	25	20.351	4.195
职业承诺总分		16	80	59.910	11.362

根据独立样本 t 检验结果（如表 5-2 所示），我国特殊教育教师的继续承诺在性别上存在显著差异，具体表现为，在继续承诺得分上，男性教师显著高于女性教师（$t=4.790$，$p < 0.001$）。此外，我国特殊教育教师在职业承诺总分以及情感承诺、规范承诺的得分不存在显著的性别差异。

表 5-2　我国特殊教育教师职业承诺性别差异的独立样本 t 检验

维度	性别	$M \pm SD$	t	p
情感承诺	男	23.073 ± 5.857	-1.466	0.143
	女	23.419 ± 5.470		
继续承诺	男	16.056 ± 6.222	4.790^{***}	0.000
	女	15.031 ± 5.007		
规范承诺	男	20.410 ± 4.320	0.446	0.656
	女	20.334 ± 4.162		
职业承诺总分	男	59.532 ± 12.080	1.586	0.133
	女	58.770 ± 11.182		

注："*"表示在 0.05 水平上达到显著性；"**"表示在 0.01 水平上达到显著性；"***"表示在 0.001 水平上达到显著性。

我国特殊教育教师职业承诺地域差异的单因素方差分析结果显示（如表 5-3 所示），我国特殊教育教师职业承诺总分及其各维度得分均存在显著的地域差异。事后多重比较结果进一步表明：

在教师职业承诺总分上（$F=10.157$，$p < 0.001$），东北地区教师得分显著高于其他 6 大片区的教师；西南地区教师得分显著低于其他 6 大片区的教师。

在情感承诺维度上（$F=13.554$，$p < 0.001$），东北地区教师得分显著

高于其他 6 大片区的教师；华北地区教师得分显著高于西北地区的教师；西南地区教师得分显著低于其他 6 大片区的教师。

在继续承诺维度上（$F=4.978$，$p < 0.001$），东北地区教师得分显著高于华北、华南、华中、西南和西北地区教师；华东地区教师得分显著高于华北、华中、华南地区教师。

在规范承诺维度上（$F=8.098$，$p < 0.001$），东北地区教师得分显著高于其他 6 大片区的教师；华北地区教师得分显著高于华南、西南地区的教师；华中地区教师得分显著高于华东、华南、西南地区教师；西北地区教师得分显著高于西南地区的教师。

表 5-3　我国特殊教育教师职业承诺地域差异的单因素方差分析与事后多重比较

维度	地区	$M \pm SD$	MS	F	p	事后多重比较
职业承诺总分	1. 东北	61.578 ± 12.408	1 292.248	10.157***	0.000	1 > 2, 3, 4, 5, 6, 7 6 < 1, 2, 3, 4, 5, 7
	2. 华东	58.500 ± 11.725				
	3. 华北	58.832 ± 10.747				
	4. 华中	58.917 ± 11.427				
	5. 华南	58.235 ± 10.684				
	6. 西南	55.975 ± 10.276				
	7. 西北	58.160 ± 10.937				
情感承诺	1. 东北	24.570 ± 5.629	396.568	13.554***	0.000	1 > 2, 3, 4, 5, 6, 7 3 > 7 6 < 1, 2, 3, 4, 5, 7
	2. 华东	22.900 ± 5.552				
	3. 华北	23.738 ± 5.381				
	4. 华中	23.381 ± 5.451				
	5. 华南	23.221 ± 5.085				
	6. 西南	21.461 ± 5.323				
	7. 西北	22.708 ± 5.407				
继续承诺	1. 东北	15.892 ± 5.601	126.571	4.978***	0.000	1 > 3, 4, 5, 6, 7 2 > 3, 4, 5
	2. 华东	15.672 ± 4.910				
	3. 华北	14.572 ± 4.791				
	4. 华中	14.970 ± 5.053				
	5. 华南	15.072 ± 5.001				
	6. 西南	15.053 ± 4.662				
	7. 西北	15.080 ± 4.947				

维度	地区	$M \pm SD$	MS	F	p	事后多重比较
规范承诺	1. 东北	21.101 ± 4.411	140.720	8.098***	0.000	1 > 2，3，4，5，6，7 3 > 5，6 4 > 2，5，6 7 > 6
	2. 华东	19.927 ± 4.320				
	3. 华北	20.531 ± 4.091				
	4. 华中	20.566 ± 4.371				
	5. 华南	19.930 ± 3.951				
	6. 西南	19.461 ± 3.963				
	7. 西北	20.391 ± 3.964				

注："*"表示在 0.05 水平上达到显著性；"**"表示在 0.01 水平上达到显著性；"***"表示在 0.001 水平上达到显著性。

借助单因素方差分析对我国特殊教育教师职业承诺的年龄差异进行分析，单因素方差分析与事后多重比较结果表明（如表 5–4 所示），我国特殊教育教师的职业承诺总分、情感承诺得分与规范承诺得分存在显著的年龄差异，具体表现为：

在职业承诺总分上（$F=10.694$，$p < 0.001$），31 ~ 40 岁教师显著高于 20 ~ 30 岁教师；41 ~ 50 岁教师显著高于 31 ~ 40 岁教师和 20 ~ 30 岁教师；51 ~ 60 岁教师显著高于 31 ~ 40 岁教师和 20 ~ 30 岁教师。

在情感承诺得分上（$F=7.276$，$p < 0.001$），41 ~ 50 岁教师显著高于 31 ~ 40 岁教师和 20 ~ 30 岁教师；51 ~ 60 岁教师显著高于其他年龄段的教师。

在规范承诺得分上（$F=25.042$，$p < 0.001$），31 ~ 40 岁教师显著高于 20 ~ 30 岁教师；41 ~ 50 岁教师显著高于 31 ~ 40 岁教师和 20 ~ 30 岁教师；51 ~ 60 岁教师显著高于 31 ~ 40 岁教师和 20 ~ 30 岁教师。继续承诺的年龄差异不显著（$F=0.964$，$p=0.409$）。

表5-4 我国特殊教育教师职业人格年龄差异的单因素方差分析与事后多重比较

维度	年龄分组	$M \pm SD$	MS	F	p	事后多重比较
职业承诺总分	1. 20 ～ 30 岁	57.630 ± 11.342	1 370.200	10.694***	0.000	2 > 1 3 > 1, 2 4 > 2, 3
	2. 31 ～ 40 岁	58.601 ± 11.541				
	3. 41 ～ 50 岁	59.901 ± 10.878				
	4. 51 ～ 60 岁	60.960 ± 11.940				
情感承诺	1. 20 ～ 30 岁	23.077 ± 5.327	216.187	7.276***	0.000	3 > 1, 2 4 > 1, 2, 3
	2. 31 ～ 40 岁	23.051 ± 5.678				
	3. 41 ～ 50 岁	23.610 ± 5.311				
	4. 51 ～ 60 岁	24.493 ± 5.507				
规范承诺	1. 20 ～ 30 岁	19.520 ± 4.182	431.720	25.042***	0.000	2 > 1 3 > 1, 2 4 > 2, 3
	2. 31 ～ 40 岁	20.310 ± 4.270				
	3. 41 ～ 50 岁	20.882 ± 4.011				
	4. 51 ～ 60 岁	21.336 ± 4.071				

注："*"表示在 0.05 水平上达到显著性；"**"表示在 0.01 水平上达到显著性；"***"表示在 0.001 水平上达到显著性。

我国特殊教育教师职业承诺在教龄变量上的差异的单因素方差分析结果如表 5-5 所示。特殊教育教师职业承诺总分和所有维度得分在教龄变量上的差异显著。结合事后多重比较结果发现：

在职业承诺总分（$F=15.658$，$p < 0.001$）和规范承诺得分（$F=27.057$，$p < 0.001$）上，教龄在 15 年以上的教师得分显著高于其他教龄较短的教师群体。教龄在 6 ～ 15 年的教师得分显著高于教龄在 5 年及以下的教师。

在情感承诺得分（$F=3.606$，$p < 0.05$）上，教龄在 15 年以上的教师得分显著高于其他教龄较短的教师群体。

在继续承诺得分（$F=9.653$，$p < 0.001$）上，教龄在 6 ～ 15 年的教师得分显著高于教龄在 5 年及以下的教师；教龄在 15 年以上的教师得分显著高于教龄在 6 ～ 15 年的教师。

表5-5 我国特殊教育教师职业承诺教龄差异的单因素方差分析与事后多重比较

维度	教龄	$M \pm SD$	MS	F	p	事后多重比较
职业承诺总分	1. 5年及以下	37.578 ± 11.207	2 006.107	15.658***	0.000	2 > 1 3 > 1, 2
	2. 6 ~ 15年	58.682 ± 11.430				
	3. 15年以上	59.930 ± 11.326				
继续承诺	1. 5年及以下	14.611 ± 4.960	245.865	9.653***	0.000	2 > 1 3 > 1, 2
	2. 6 ~ 15年	15.375 ± 4.992				
	3. 15年以上	15.484 ± 5.135				
规范承诺	1. 5年及以下	19.608 ± 4.206	468.859	27.050***	0.000	3 > 1, 2
	2. 6 ~ 15年	20.225 ± 4.184				
	3. 15年以上	20.846 ± 4.138				

注："*"表示在0.05水平上达到显著性；"**"表示在0.01水平上达到显著性；"***"表示在0.001水平上达到显著性。

基于单因素方差分析和事后多重比较结果（如表5-6所示），发现人口学变量中的教师职称对特殊教育教师职业承诺中除情感承诺之外的其他维度影响显著。具体表现为：

在规范承诺（F=7.920，$p < 0.001$）维度上，具有中级职称教师的得分显著高于初级及未定级教师；具有副高级职称教师的得分显著高于中级职称和初级及未定级教师。

在职业承诺总分（F=5.790，$p < 0.01$）与继续承诺维度上（F=5.257，$p < 0.01$），具有中级职称教师的得分显著高于初级及未定级教师；具有副高级职称教师的得分显著高于中级教师与初级及未定级教师。

表5-6 我国特殊教育教师职业承诺职称差异的单因素方差分析与事后多重比较

维度	职称	$M \pm SD$	MS	F	p	事后多重比较
职业承诺总分	1. 初级及未定级	58.178 ± 11.155	744.823	5.790**	0.001	2 > 1 3 > 1
	2. 中级	59.269 ± 11.457				
	3. 副高级	60.224 ± 11.514				
	4. 正高级	65.838 ± 19.882				
继续承诺	1. 初级及未定级	14.913 ± 4.971	134.074	5.257***	0.001	2 > 1 3 > 1
	2. 中级	15.463 ± 4.994				
	3. 副高级	15.500 ± 5.467				
	4. 正高级	19.674 ± 7.171				

续表

维度	地区	$M \pm SD$	MS	F	p	事后多重比较
规范承诺	1. 初级及未定级	20.023 ± 4.178	138.455	7.920***	0.000	2 > 1 3 > 1, 2
	2. 中级	20.484 ± 4.225				
	3. 副高级	20.975 ± 4.137				
	4. 正高级	22.172 ± 4.070				

注："*"表示在 0.05 水平上达到显著性；"**"表示在 0.01 水平上达到显著性；"***"表示在 0.001 水平上达到显著性。

5.1.3.2 特殊教育教师职业人格特质与职业承诺的相关分析

本章对特殊教育教师职业人格特质及其附属维度与职业承诺及其附属维度进行了 Pearson 相关分析，具体结果见表 5-7。基于相关分析结果发现，特殊教育教师职业人格特质及其附属维度与职业承诺总分、情感承诺、规范承诺呈显著的正相关，并且各因素相关系数均在 0.35 以上，说明二者之间的关联度较高。特殊教育教师职业人格特质及其附属维度与继续承诺呈较显著的正相关，但相关系数均在 0.1 以下，说明二者之间的关联度较弱。

表 5-7　特殊教育教师职业人格特质与职业承诺的相关分析

因素	职业承诺总分	情感承诺	继续承诺	规范承诺
事业心	0.402**	0.454***	0.036**	0.455***
效能感	0.374**	0.419**	0.079**	0.372**
自控力	0.334**	0.363**	0.037*	0.388**
同情心	0.355**	0.348**	0.094**	0.394**
进取心	0.412**	0.453**	0.065**	0.448**
平和心境	0.363**	0.390**	0.091**	0.366**
奉献精神	0.358**	0.421**	0.036*	0.389**

注："*"表示在 0.05 水平上达到显著性；"**"表示在 0.01 水平上达到显著性；"***"表示在 0.001 水平上达到显著性。

5.1.3.3 特殊教育教师职业人格特质对职业承诺的回归分析

为了进一步分析特殊教育教师职业人格特质对职业承诺的预测效果，以特殊教育教师职业人格特质的 7 个维度作为自变量，以特殊教育教师的职业承诺总分作为因变量进入回归方程，进行多元逐步回归分析，结果如

表 5-8 所示。首先，根据共线性诊断的方差膨胀因子指标（VIF），显示 VIF 取值在 1.518 ～ 2.834，均小于 10，表明数据没有明显的共线性。其次，从表 5-8 来看，特殊教育教师职业人格特质中的 6 个维度进入回归方程，依次是：进取心、奉献精神、平和心境、效能感、事业心、自控力，多元相关系数为 0.496，联合解释的变异量为 24.6%，其中进取心的解释率最高，为 17.0%。综上所述，特殊教育教师职业人格特质对职业承诺的预测效果较好，其中，"进取心"特质对特殊教育教师的职业承诺预测效果最好。

表 5-8 　特殊教育教师职业人格特质对职业承诺的回归分析

自变量	R	R^2	ΔR^2	β	t	p	VIF
进取心	0.412	0.170	0.170	0.909	7.853***	0.000	2.273
奉献精神	0.456	0.208	0.039	0.503	7.303***	0.000	1.518
平和心境	0.479	0.229	0.021	0.642	7.003***	0.000	1.605
效能感	0.490	0.241	0.011	0.456	7.157***	0.000	1.587
事业心	0.495	0.245	0.004	0.348	5.027***	0.000	2.834
自控力	0.496	0.246	0.001	0.183	1.997*	0.000	2.460

注："*"表示在 0.05 水平上达到显著性；"**"表示在 0.01 水平上达到显著性；"***"表示在 0.001 水平上达到显著性。

5.1.4　讨论

5.1.4.1　特殊教育教师职业承诺的总体情况

特殊教育教师职业承诺是指特殊学校的教师对自己的职业从心理上认同，愿意为特殊教育工作付出努力，坚持从事特殊教育工作的意愿和行为（田秋梅，2015）。本探究结果显示，我国特殊教育教师的职业承诺总体水平比较好，比较而言，规范承诺得分最高，继续承诺分数最低。刘在花（2009）研究表明，特校教师职业承诺处于中等水平；特校教师职业承诺的现状一般，现状调查显示情感承诺得分最高，机会承诺得分最低。班永飞（2019）等对贵州省特殊教育教师的职业承诺研究发现，贵州省特殊教育教师职业承诺和教学效能感整体均处于较高水平。相比较而言，本研究结论与学者们的研究基本一致。由于近些年国家陆续出台推动特殊教育发展的政策，特殊教育教师的社会地位和工资待遇都得到了改善，但由于我国地域广阔，特殊教育发展水平差异较大，专业化水平不高，特殊教育教师的经济收入、社会地位和职业声望还是比较低，工作的付出与回报不成正比，这让一线的特殊教育教师对工作的价值和意义感到困惑，直接影响了职业承诺的水平。与普通教育教师的工作相比，由于政府的高度重视，特殊教育教师专业发展的支持力度不断加大，老师们获得的培训机会比较多（刘在花，2006）。相对而言，特殊教育教师在升学率、绩效考核等方面的压力要比普通教育教师要小，而特殊教育教师在规范承诺方面得分较高正是反映了这一点。

本研究显示，我国特殊教育教师的继续承诺在性别上存在显著差异，男教师显著高于女教师。在职业承诺的总分以及情感承诺和规范承诺方面，男教师和女教师没有质的差别。苏鹏鹏（2014）研究显示：女性在职业承诺上显著高于男性，两者存在显著差异；女性在代价承诺和机会承诺上高于男性，存在显著性差异；但男女在情感承诺和理想承诺上没有显著的差异。相比较而言，本研究与苏鹏鹏的研究有一定的差异，造成这种差异的原因，可能与取样的范围和数量有关系，另外，和职业承诺的内容结果之间存在的差异有关。

本研究显示，不同地区的特殊教育教师的职业承诺水平存在差异。相比较而言，东北地区和华东地区的特殊教育教师职业承诺水平比较高，西北地区和西南地区的职业承诺总体水平相对较低。关于职业承诺水平在地域方面的研究国内还比较少见，出现地域差别，且某个地区特别突出的情况，本研究初步分析认为其与地区特殊教育发展的政策有关，还可能与地区的文化有关系，具体原因还有待深入研究。

本研究显示，我国特殊教育教师职业承诺总分、情感承诺得分与规范承诺得分存在显著的年龄差异，在职业承诺总分上41岁以上的教师整体水平均高于41岁以下的教师，趋势是年龄越高职业承诺的水平越高。具体而言，在情感承诺上，51～60岁教师显著高于其他年龄段的教师，41～50岁的教师显著高于31～40岁、20～30岁的教师。在规范承诺上，也呈现随着年龄的增长，承诺水平逐步提高的趋势。在继续承诺方面，年龄差异并不明显。苏鹏鹏（2014）的研究也显示：年龄越大，职业承诺水平越高；31～40岁年龄段的教师在代价承诺上显著高于其他年龄段的教师，各年龄段的个体在理想承诺、情感承诺和机会承诺上没有显著差异。美国心理学家谢顿认为，教师职业承诺是教师对教师这一职业的认同程度、对教师的主要工作（即教学工作）是否感到内在的满足，以及对教学工作的投入程度（连榕，邵雅利，2003）。特殊教育的工作由于教育对象的特殊性，在教育的成就感方面相对于普通教育的教师要低，且很难获得，而且面临着较大的安全压力，但一名特殊教育教师能在自己的岗位上坚守20年甚至更长的时间，则从侧面反映出这个老师是愿意接受这份工作的，而且已经投入了大量的情感，这可以解释不同的研究都反映出年龄越长的特殊教育教师总体的职业承诺水平越高。在继续承诺方面，各年龄段特殊教育教师之间不存在显著差异，其原因可能与特殊教育整体的发展形势和特殊教育专业本身的特点有关。正如前文所述，近些年，虽然特殊教育的发展比较快，但总体来说，社会地位和经济收入还是相对比较低的，有一定比例的特殊教育教师有转行的意愿，但受到专业限制，很难从特殊教育跨入别的行业。这种局面下，不论是哪个年龄段的老师，机会都差不多，因而导致不同年龄段的特殊教育教师在继续承诺上的差异不显著。

本研究显示，特殊教育教师职业承诺总分和所有维度得分在教龄变量上的差异显著，总体趋势是教龄越长，职业承诺的水平越高，这一结论与年龄变量的结果是相似的。教龄反映教师从事工作的时间长短，而特殊教育教师的教龄指的是从事特殊教育工作的实际时间。从事特殊教育时间越长，教师对工作的认同和情感依赖就越强烈，对工作的投入也会越多，对工作中规范的内化也就越深，从实践观察来看，大部分特殊教育的教师的确如此，特别是自己愿意选择特殊教育工作的老师。

本研究显示，特殊教育教师职称对特殊教育教师职业承诺中除了情感承诺之外的其他维度影响显著。总体趋势是职称越高，其职业承诺的水平越高。这与年龄和教龄与职业承诺的关系是一致的。但在情感承诺上，不同职称的特殊教育教师为何没有差异？原因可能是多方面的，但其中职称评审本身需要教师主动申报，且机会相对比较均等，而评审的条件又比较公开，获得职称的高低更大程度上是与个体的专业知识和能力相关，与情感的关系相对比较小，这可能是导致在情感承诺上职称变量没有产生差异的原因。

5.1.4.2　特殊教育教师职业承诺与职业人格的关系

本研究显示，特殊教育教师职业人格特质及其附属维度与职业承诺总分、情感承诺、规范承诺呈显著正相关，且关联度较高，与继续承诺也呈现出正相关，但关联度较弱。总体来看，特殊教育教师职业人格特质对职业承诺的预测效果较好，其中，进取心特质对特殊教育教师的职业承诺预测效果最好。从查阅的文献来看，国内外对特殊教育教师职业人格的研究非常少，对职业承诺的研究比较多，但对两者之间关系的相关研究暂未见到。从职业承诺的定义我们可以知道，个体的职业承诺水平越高，个体就越愿意投入到所从事的工作中，也更愿意遵循职业的规范和操守，这对于提升个体的工作绩效、体验到工作的价值具有重要作用。特殊教育教师的职业人格对于职业承诺具有预测功能，且职业人格的水平越高，特殊教育教师的职业承诺水平也会更高，这从侧面证明了特殊教育职业人格的存在和其评判价值。另一方面，我们也可以将职业承诺作为评价特殊教育教师职业人格的校标，来印证特殊教育教师职业人格量表测量的效度。

5.2　特殊教育教师核心职业人格特质对职业倦怠的影响

5.2.1　研究目的

考查特殊教育教师核心职业人格特质是否与职业倦怠相关，在此基础上，进一步检验特殊教育教师核心职业人格特质对特殊教育教师职业倦怠的预测性。

5.2.2　研究方法

5.2.2.1　被试

同 5.1.2.1。

5.2.2.2　工具

1.特殊教育教师核心职业人格量表

同 5.1.2.1。

2.教师职业倦怠量表

本研究采用伍新春等人（2003）基于 Maslach 等人的职业倦怠问卷（MBI）

修订的《中小学教师职业倦怠量表》进行施测。量表的 Cronbach' α 系数：
情绪衰竭分量表为 0.85，非人性化分量表为 0.74，个人成就感为 0.81，说
明量表具有良好的内部一致性信度和结构效度。本量表包含 3 个维度：情
绪衰竭、去个性化和低自我成就感。量表采用 Likert7 点记分，要求被试按
照出现每种症状的频次进行评定。0 ~ 6 表示出现症状的频次依次增加。
得分高表示偏向于该维度所描述的特征。

5.2.3　研究结果

5.2.3.1　特殊教育教师职业倦怠的现状特征

表 5–9 显示了样本在职业承诺总分以及各个维度上的最小值、最大值、
平均值和标准差等分析结果。

表 5–9　特殊教育教师职业倦怠的描述性统计

维度	N	最小值	最大值	M	SD
情绪衰竭		8	56	25.788	7.026
去个性化		6	42	12.936	5.752
低自我成就感	3 635	7	49	37.591	7.034
职业倦怠总分		21	147	76.308	12.420

根据独立样本 t 检验结果（如表 5–10 所示），我国特殊教育教师的职
业倦怠总分和去个性化维度得分在性别上存在显著差异，具体表现为，在
职业倦怠总分上，男性教师显著高于女性教师（$t=2.767$，$p < 0.01$）；在
去个性化得分上，男性教师显著高于女性教师（$t=3.514$，$p < 0.001$）；此
外，我国特殊教育教师在情绪衰竭、低自我成就感维度的得分不存在显著
的性别差异。

表 5-10　我国特殊教育教师职业倦怠性别差异的独立样本 t 检验

维度	性别	$M \pm SD$	t	p
情绪衰竭	男	23.860 ± 8.074	0.427	0.670
	女	23.722 ± 8.547		
去个性化	男	13.611 ± 6.486	3.514***	0.000
	女	12.762 ± 5.554		
低自我成就感	男	20.633 ± 12.935	1.624	0.104
	女	19.780 ± 12.362		
职业承诺总分	男	58.112 ± 17.057	2.767**	0.006
	女	56.270 ± 15.477		

注："*"表示在 0.05 水平上达到显著性；"**"表示在 0.01 水平上达到显著性；"***"表示在 0.001 水平上达到显著性。

我国特殊教育教师职业倦怠地域差异的单因素方差分析结果显示，我国特殊教育教师职业倦怠总分及其去个性化、低自我成就感维度得分存在显著的地域差异。事后多重比较结果进一步表明（如表 5-11 所示）：

在教师职业倦怠总分上（ $F=10.538$ ， $p < 0.001$ ），东北地区教师得分显著高于其他 6 大片区的教师；华北地区教师得分显著高于华南和西南地区的教师；华中地区教师得分显著高于西南地区教师。

在去个性化维度上（ $F=3.325$ ， $p < 0.001$ ），华东地区教师得分显著高于东北、华北、华中地区教师；西南地区教师得分显著高于东北、华中地区教师；东北地区教师得分显著低于华南、西北地区教师。

在低自我成就感维度上（ $F=23.434$ ， $p < 0.001$ ），东北地区教师得分显著高于其他 6 大片区的教师；华北地区教师得分显著高于华东、华南、西南、西北地区的教师；华中地区教师得分显著高于华东、华南、西南、西北地区的教师。

表 5-11　我国特殊教育教师职业倦怠地域差异的单因素方差分析与事后多重比较

维度	地区	$M \pm SD$	MS	F	p	事后多重比较
职业承诺总分	1. 东北	60.472 ± 17.555	2 590.092	10.538***	0.000	1 > 2, 3, 4, 5, 6, 7 3 > 5, 6 4 > 5
	2. 华东	55.899 ± 14.610				
	3. 华北	57.000 ± 16.099				
	4. 华中	56.352 ± 16.001				
	5. 华南	54.260 ± 15.025				
	6. 西南	54.633 ± 13.998				
	7. 西北	55.791 ± 14.920				
去个性化	1. 东北	12.349 ± 6.324	109.499	3.325**	0.003	2 > 1, 3, 4 5 > 1 6 > 1, 4 7 > 1
	2. 华东	13.469 ± 5.559				
	3. 华北	12.773 ± 5.825				
	4. 华中	12.401 ± 5.464				
	5. 华南	13.032 ± 5.834				
	6. 西南	13.480 ± 5.002				
	7. 西北	13.283 ± 5.394				
低自我成就感	1. 东北	24.353 ± 14.134	3 514.240	23.434***	0.000	1 > 2, 3, 4, 5, 6, 7 3 > 2, 5, 6, 7 4 > 2, 5, 6, 7
	2. 华东	18.500 ± 11.655				
	3. 华北	20.290 ± 12.621				
	4. 华中	20.861 ± 13.150				
	5. 华南	18.009 ± 11.214				
	6. 西南	16.810 ± 10.823				
	7. 西北	18.377 ± 10.726				

注："*"表示在 0.05 水平上达到显著性；"**"表示在 0.01 水平上达到显著性；"***"表示在 0.001 水平上达到显著性。

借助单因素方差分析对我国特殊教育教师职业倦怠的年龄差异进行分析，单因素方差分析与事后多重比较结果表明（如表 5-12 所示），我国特殊教育教师的职业倦怠总分及其各维度得分均存在显著的年龄差异，具体表现为：

在职业倦怠总分上（F=7.646，$p < 0.001$），20 ~ 30 岁教师显著低于其他年龄段的教师。

在情绪衰竭得分上（F=4.758，$p < 0.01$），20 ~ 30 岁教师显著低于 31 ~ 40 岁和 41 ~ 50 岁的教师。

在低自我成就感得分上（F=26.863，$p < 0.001$），20 ~ 30 岁教师

显著低于其他年龄段的教师；31 ~ 40 岁教师显著低于 41 ~ 50 岁教师和 51 ~ 60 岁教师；41 ~ 50 岁教师显著低于 51 ~ 60 岁教师。

在去个性化得分上（$F=18.186$，$p < 0.001$），41 ~ 50 岁教师显著低于 20 ~ 30 岁和 31 ~ 40 岁教师；51 ~ 60 岁教师显著低于 20 ~ 30 岁和 31 ~ 40 岁教师。

表 5-12　我国特殊教育教师职业倦怠年龄差异的单因素方差分析与事后多重比较

维度	年龄分组	$M \pm SD$	df	MS	F	p	事后多重比较
职业倦怠总分	1. 20 ~ 30 岁	54.771 ± 15.418	3	1 898.453	7.646***	0.000	1 < 2, 3, 4
	2. 31 ~ 40 岁	56.839 ± 15.378					
	3. 41 ~ 50 岁	57.584 ± 16.185					
	4. 51 ~ 60 岁	58.603 ± 16.902					
情绪衰竭	1. 20 ~ 30 岁	23.267 ± 7.656	3	276.903	4.758**	0.003	1 < 2, 3 4 < 2, 3
	2. 31 ~ 40 岁	24.149 ± 7.900					
	3. 41 ~ 50 岁	24.063 ± 7.474					
	4. 51 ~ 60 岁	22.767 ± 6.965					
低自我成就感	1. 20 ~ 30 岁	17.918 ± 10.790	3	4 090.264	26.863***	0.000	1 < 2, 3, 4 2 < 3, 4 3 < 4
	2. 31 ~ 40 岁	19.360 ± 12.202					
	3. 41 ~ 50 岁	21.293 ± 13.274					
	4. 51 ~ 60 岁	24.301 ± 14.195					
去个性化	1. 20 ~ 30 岁	13.610 ± 6.015	3	592.824	18.186***	0.000	3 < 1, 2 4 < 1, 2
	2. 31 ~ 40 岁	13.339 ± 5.872					
	3. 41 ~ 50 岁	12.228 ± 5.252					
	4. 51 ~ 60 岁	11.554 ± 5.620					

注："*"表示在 0.05 水平上达到显著性；"**"表示在 0.01 水平上达到显著性；"***"表示在 0.001 水平上达到显著性。

我国特殊教育教师职业倦怠在教龄变量上的差异单因素方差分析结果如表 5-13 所示。特殊教育教师职业倦怠总分和所有维度得分在教龄变量上的差异显著。结合事后多重比较结果发现：

在职业倦怠总分（$F=12.383$，$p < 0.001$）、情绪衰竭得分（$F=4.070$，$p < 0.05$）和低个人成就感得分上，教龄在 5 年以下的教师得分显著高于其他教龄较长的教师群体。

在去个性化得分（$F=19.639$，$p < 0.001$）上，教龄在 15 年以上的教

师得分显著低于其他教龄较短的教师群体。

表 5-13 我国特殊教育教师职业倦怠教龄差异的单因素方差分析与事后多重比较

维度	地区	$M \pm SD$	MS	F	p	事后多重比较
职业倦怠总分	1. 5年及以下	54.513 ± 15.470	3 072.015	12.383***	0.000	1 < 2, 3
	2. 6～15年	56.807 ± 14.892				
	3. 15年以上	57.700 ± 16.411				
情绪衰竭	1. 5年及以下	23.155 ± 7.712	237.191	4.070*	0.000	1 < 2, 3
	2. 6～15年	24.033 ± 7.687				
	3. 15年以上	23.921 ± 7.569				
低个人成就感	1. 5年及以下	17.821 ± 10.574	4 303.022	28.082***	0.000	1 < 2, 3
	2. 6～15年	19.373 ± 11.920				
	3. 15年以上	21.503 ± 13.540				
去个性化	1. 5年及以下	13.552 ± 6.082	642.664	19.639***	0.000	3 < 1, 2
	2. 6～15年	13.406 ± 5.844				
	3. 15年以上	12.282 ± 5.436				

注："*"表示在 0.05 水平上达到显著性；"**"表示在 0.01 水平上达到显著性；"***"表示在 0.001 水平上达到显著性。

基于单因素方差分析和事后多重比较结果（如表 5-14 所示），发现人口学变量中的教师职称对特殊教育教师职业人格中除情绪倦怠外的其他维度影响显著。具体表现为：

在职业倦怠总分（$F=3.402$，$p < 0.05$）上，具有副高级职称教师的得分显著高于初级及未定级教师。

在低个人成就感（$F=9.355$，$p < 0.001$）维度上，具有中级职称教师的得分显著高于初级及未定级教师；具有副高级职称教师的得分显著高于中级教师与初级及未定级教师。

在去个性化（$F=7.610$，$p < 0.001$）维度上，初级及未定级教师得分显著高于中级职称教师和副高级职称教师。

表5-14　我国特殊教育教师职业倦怠职称差异的单因素方差分析与事后多重比较

维度	职称	$M \pm SD$	MS	F	p	事后多重比较
职业倦怠总分	1. 初级及未定级	55.898 ± 15.404	847.554	3.402*	0.017	3 > 1
	2. 中级	56.877 ± 15.995				
	3. 副高级	58.225 ± 16.374				
	4. 正高级	63.334 ± 17.224				
低个人成就感	1. 初级及未定级	18.964 ± 11.430	1 444.907	9.355***	0.000	2 > 1 3 > 1, 2
	2. 中级	20.269 ± 12.937				
	3. 副高级	22.137 ± 13.926				
	4. 正高级	25.331 ± 15.210				
去个性化	1. 初级及未定级	13.392 ± 5.975	250.235	7.610***	0.000	1 > 2, 3
	2. 中级	12.640 ± 5.622				
	3. 副高级	12.243 ± 5.205				
	4. 正高级	15.007 ± 9.176				

注："*"表示在0.05水平上达到显著性；"**"表示在0.01水平上达到显著性；"***"表示在0.001水平上达到显著性。

5.2.3.2　特殊教育教师职业人格特质与职业倦怠的相关分析

对特殊教育教师职业人格特质及其附属维度与职业倦怠及其附属维度进行Pearson相关分析，具体结果见表5-15。基于相关分析结果发现，特殊教育教师职业人格特质及其附属维度与职业倦怠总分、职业倦怠中的低自我成就感维度得分呈显著的正相关。特殊教育教师职业人格特质及其附属维度与职业倦怠中的情绪衰竭和去个性化维度得分呈较显著的负相关。

表5-15　特殊教育教师核心职业人格特质与职业倦怠的相关分析

因素	职业倦怠总分	情绪衰竭	低个人成就感	去个性化
事业心	0.058**	−0.160***	0.302**	−0.281***
效能感	0.181**	−0.151**	0.403**	−0.177**
自控力	0.057**	−0.127**	0.271*	−0.261**
同情心	0.125**	−0.086**	0.298**	−0.187**
进取心	0.080**	−0.158**	0.317**	−0.257**
平和心境	0.089**	−0.147**	0.303**	−0.215**
奉献精神	0.051**	−0.199**	0.309**	−0.265**

注："*"表示在0.05水平上达到显著性；"**"表示在0.01水平上达到显著性；"***"表示在0.001水平上达到显著性。

5.2.3.3 特殊教育教师职业人格特质对职业承诺的回归分析

为了进一步分析特殊教育教师职业人格特质对职业倦怠的预测效果，以特殊教育教师职业人格特质的 7 个维度作为自变量，以特殊教育教师的职业倦怠总分作为因变量进入回归方程，进行多元逐步回归分析，结果如表 5-16 所示。首先，根据共线性诊断的方差膨胀因子指标（VIF）显示，VIF 取值在 1.349 ~ 2.566，均小于 10，表明数据没有明显的共线性。其次，从表 5-16 来看，特殊教育教师职业人格特质中的四个维度进入回归方程，依次是效能感、同情心、事业心和自控力，多元相关系数为 0.204，联合解释的变异量为 4.2%，其中进取心的解释率最高，为 3.3%。综上所述，特殊教育教师职业人格特质对职业倦怠的预测效果达到统计要求，其中，效能感特质对特殊教育教师的职业倦怠的预测效果最好。

表 5-16　特殊教育教师核心职业人格特质对职业倦怠的回归分析

自变量	R	R^2	ΔR^2	β	t	p	VIF
效能感	0.181	0.033	0.033	0.880	9.561***	0.000	1.349
同情心	0.187	0.035	0.002	0.778	5.556***	0.000	2.223
事业心	0.201	0.040	0.005	−0.310	−2.997**	0.003	2.566
自控力	0.204	0.042	0.002	−0.315	−2.197*	0.028	2.454

注：“*”表示在 0.05 水平上达到显著性；“**”表示在 0.01 水平上达到显著性；“***”表示在 0.001 水平上达到显著性。

5.2.4　讨论

5.2.4.1　特殊教育教师职业倦怠的总体情况

作为专门术语，职业倦怠这一概念最早是由美国临床心理学家费登伯格于 1974 年提出来的，他首次使用“职业倦怠”描述医务工作者因工作时间过长、工作量过大、工作强度过高而体验到的一组综合症状，如身体、情绪和精神上的耗竭、缺乏工作投入、人格解体，以及低成就感

（Freudenberger，1974）。从本研究的总体情况来看，我国特殊教育教师存在一定程度的职业倦怠，但还没有达到非常严重的程度。这一结论与国内外学者研究的结论基本一致。胡颖（2008）研究发现，特殊教育教师的职业倦怠明显高于普通中小学教师的职业倦怠水平。马芳（2011）对陕西省特殊教育教师的职业倦怠情况进行了研究，结果显示陕西省特殊教育教师职业倦怠问题没有达到严重的程度，但是职业倦怠已经具有普遍性。对此现状马芳解释有三个方面原因，一是特殊教师队伍中高职业倦怠的教师大多被调离或离职；二是特殊教育工作相比于普通教育，没有升学压力；三是特殊教育教师的职业修养要求会促使特殊教育教师完善自己，从而降低了职业倦怠的程度。刘佰桥等对黑龙江特殊教育教师的职业倦怠状况进行研究，结果显示黑龙江省特殊教育教师职业倦怠程度达到中等，从职业倦怠总均分和各因子分来看，没有达到严重职业倦怠的程度。对此，刘佰桥（2015）分析认为，这与选取的样本以公立学校为主有一定关系，相比较而言，私立特殊教育机构教师的职业倦怠要严重一些。周超对大连市特殊教育学校教师的职业倦怠情况进行了研究，发现大连市特殊教育学校教师的职业倦怠程度总体上并不严重，各维度得分也都在中等水平以下，其中去人性化维度得分最低，说明特殊教育教师在从事特殊教育职业的过程中，感受到职业倦怠的衰竭状态并不明显，他们可以与特殊学生、同事保持良好的情感关系，工作对象没有表现出冷漠、疏远的态度。对此，周超（2016）认为有三方面原因：一是特殊教育工作稳定，国家越来越重视，工资待遇也在不断提高；二是特殊教育教师相对普通教育教师的学生管理，升学的压力比较小；三是个别职业倦怠严重的教师可能会被调离特殊教育岗位。杨琼娃（2017）以广东省 Z 市特殊教育教师为样本，对职业倦怠的状况进行研究，结果显示广东 Z 市特殊学校的教师普遍存在职业倦怠，但是不严重，属于轻微的程度。其中去个性化得分最高，其次是情绪衰竭，个人成就感得分最低。基于本研究的结论和学者们的相关研究结果，相比于普通教育教师，特殊教育教师职业倦怠水平处于中等水平，并未达到严重的程度，这与我们在研究过程中访谈校长、教师，以及日常接触特殊教育教师时观察到的基本吻合。通常我们认为特殊教育教师面临的教育对象更为复杂，工作负荷也比较大，而且在工作环境和支持体系方面的要求也会更高，这种情况下出现职业倦怠的可能性也会更大，但研究结果让人稍有欣慰。出现这种情况的原因，本研究认为主要有三方面：一是特殊教育的快速发展规模不断扩大，使得进入特殊教育行业的年轻人增多。年轻力量的增加，一方面分担了原来相对年长的老师的压力，另一方面，也给年长的老师带来了冲击和动力；二是特殊教育专业化的水平，虽然整体不高，但这些年由于中国特殊教育更加开放，研究方式也更加多元，研究范式也更加多样，这对于特殊教育整体水平的提升起到了推动作用，特殊教育的专业化给特殊教育教师带来了更多的成就感，也让特殊教育教师看到更多的希望；三是特殊教育工作的社会声誉在不断提高，这些年国家出台的各种支持特殊教育的制度，都在鼓励全社会重视特殊教育发展，重视特殊教育教师队伍建设，这在一定程度上也降低了特殊教育教师职业倦怠出现的概率。

本研究显示，我国特殊教育教师职业倦怠的总分和去个性化维度得分存在着显著的差异，具体表现为，男教师总体比女教师的职业倦怠程度要高，在去个性化维度上，男教师也高于女教师，在情绪耗竭和低成就感上，男女特殊教育教师之间不存在显著的差异。关于性别与职业倦怠的关系，多数研究表明男性教师更容易表现出职业倦怠（Wisniewski，1997）。土耳其2011年的研究显示，在情绪衰竭和去个性化这两个维度上，男教师的倦怠程度更高（Küçüksüleymanoglu，2011）。马芳（2011）对陕西省的特殊教育教师职业倦怠研究也显示，男教师去个性化维度上的整体程度高于女教师，在成就感维度上，也是男教师的成就感低于女教师。刘佰桥（2015）的研究则显示，男女特殊教育教师的职业倦怠程度并无显著差异，也有研究指出女性因为承受更多的生活负担易表现出职业倦怠。还有研究发现，女教师表现出更多的情感耗竭，男性教师的个人成就感更为低下（Williams，2015）。总体来看，特殊教育职业中男教师的职业倦怠感要比女教师更高，但在具体的维度上，学者们的研究结论并不完全一致。从本研究的访谈和观察来看，总体上男教师出现职业倦怠的可能性和程度确实相对于女教师更普遍，程度也更深一些，原因可能是多方面的。特殊教育职业中男教师的比例本身就比较少，中国男性在面对工作中的压力和困难的时候不如女教师有更多的渠道来倾诉排解压力，再加之男教师在特殊教育工作中要面临的角色冲突更重，多个因素叠加可能是造成特殊教育男教师在职业倦怠中表现相对更为严重的原因。

本研究显示，我国特殊教育教师职业倦怠总分，以及去个性化和低成就感维度上都存在显著的地域差别。总体而言，东北地区、华中地区和华北地区的职业倦怠得分更高，表明职业倦怠的程度也更高。国内在特殊教育教师职业倦怠的地域差异比较方面研究较少，出现这种差别的原因，本研究分析可能与地区文化有关系，另外，也可能与地区特殊教育发展的程度有关，但这一方面还需要深入研究。

本研究显示，我国特殊教育教师职业倦怠的总分和各维度都存在年龄差异，总体的趋势是，随着年龄的增长，职业倦怠的程度越来越重。相比较而言，在去个性化上，41～50岁和50～60岁的特殊教育教师倦怠程度要低于年龄更小的教师。Miller等人（1999）对1576名特殊教育教师进行了调查研究，结果发现教龄在 5 年以内的教师职业倦怠程度较高，特别是教龄在 15 年左右的年轻教师，尤其容易陷入倦怠状态（Cecil、Chris 和 Joya，2006）。有学者研究认为，特殊教育教师入职最初几年职业倦怠就开始显现，随着教学时间的增加开始不断加重，第 5～15 年职业倦怠问题最为严重，之后大幅降低（唐丹，2013），这与本研究的结论并不完全一致。唐丹的分析是新教师在最初几年面临很多问题和挑战，责任心强、适应环境和转换角色以及自身能力的体现都需要一个成长过程，40 岁以后因为掌握了一套应对各种问题的方法，同时随着职务的提升、经验的丰富、职业倦怠程度也就逐渐下降。从在研究过程中观察到的情况来看，本作者认为本研究的结论更符合实际情况。原因有三方面：一是相关的研究在时间上较早，现在的情况正在发生变化；二是现在的教师队伍中，年轻教师的比例在增大，这些年轻教师在选择特殊教育职业时，比之年长的教师，其实是在有更多选择的情况下选择了特殊教育职业，所以在参加工作最初的时间里，他们更容易用激情来面对工作中的困难，维持工作的热情，而不至于很快出现倦怠的情况；三是年龄比较大的教师反而在面对特殊教育迅速发展的形势时，需要面对更多压力，但因为个人知识结构和观念的原因，更难化解工作中的问题，从而导致职业倦怠程度的提高。

本研究显示，我国特殊教育教师职业倦怠总分及其所有维度在教龄变量上存在显著差异。在职业倦怠总分、情绪耗竭和低个人成就感三个维度上，教龄在 5 年以下的教师得分显著高于其他教龄较长的教师群体。在去个性化维度上，教龄在 15 年以上的教师得分显著低于其他教龄较短的教师群体。研究认为不同教龄教师职业倦怠存在差异，哪个阶段教龄教师职业倦怠最严重，研究结果不一致。郭璐露（2008）认为，教龄在 5 年内的特殊教育教师人格解体程度最严重，极易产生职业倦怠。刘在花（2010）认为，教龄 5 年以下教师的职业枯竭感最低；而教龄 5 年以上的教师，特别是有 5 ~ 10 年教龄的教师容易陷入枯竭状态。马芳（2011）认为，教龄在 10 年左右的特殊教育教师职业倦怠最严重。杨琼娃（2017）的研究认为，教龄与职业倦怠三维度有显著性差异，在情绪衰竭的分析中，教龄在 5 年及以下的特殊教育教师得分是最高的，其次是 15 ~ 20 年的教师，得分最低的是 6 ~ 10 年的教师；在去个性化的分析中，教龄在 15 ~ 20 年的特殊教育教师得分是最高的，最低是 5 年及以下的特殊教师；在低个人成就感的分析中，5 年及以下的特殊教师得分最高，显著高于 6 ~ 10 年教龄的教师。综合比较以上学者的研究，发现关于教龄对特殊教育教师职业倦怠的影响程度和趋势上学者之间的结论存在差异。导致这种结果的原因可能有两方面：一方面是学者之间在划分教龄段时的标准不一样，这会导致样本之间存在差异；另一方面是取样的地域范围不一样，这也会导致结论上的差异。关于教龄与特殊教育教师职业倦怠的关系还需要进一步深入研究。另外，值得一提的是，如前文所述，随着特殊教育教师的年龄增长，职业倦怠越来越重，但从教龄变量来看，教龄的增长似乎并没有使职业倦怠变得更严重。对此，本研究认为可能的原因是教龄和年龄虽然有相似之处，但并不完全一致，且研究中分段的时候标准不一，教龄共分了三个段，年龄分了四个段，教龄第一段是 5 年及以下，年龄第一段是 20 ~ 30 岁，显然这不是相同的群体，教龄第三段是 15 年以上，15 年以上包含的年龄范围可能很广，这也是造成随教龄增长与年龄增长的职业倦怠的水平却不一样的原因。不过，这一结论以及学者们的结论启发我们需要深入研究这个问题。

本研究显示，教师职称对特殊教育教师职业倦怠中除情绪耗竭以外的其他维度影响显著。在职业倦怠的总分上，具有副高级职称的特殊教育教师职业倦怠的得分显著高于初级或未定级的教师，在低个人成就感维度上，具有中级职称的特殊教育教师显著高于初级及未定级教师，具有副高级职称的特殊教育教师得分显著高于中级教师与初级及未定级教师。去个性化维度上，初级及未定级教师得分显著高于中级职称教师和副高级职称教师。在职称方面，有小学或中学高级教师职称的教师情绪衰竭程度最重，个人成就感最高，去个性化程度最低（郭璐露，2008）。但也有研究认为，同职称的特殊教师在整体职业倦怠及各结构维度上均未达到显著差异（赵娜，2009）。有研究显示，具有小学或中学高级教师职称的教师情绪衰竭程度最重，个人成就感最高，去个性化程度最低（马芳，2011），这一研究结论与本研究接近。也有研究显示，不同职称教师之间的职业倦怠因子分和总分都不存在显著差异，其中情绪衰竭因子中，中级及以下职称教师得分较高，且得分彼此接近，高级职称得分相对较低，差异程度都没有达到显著水平（刘佰桥和赵华兰，2015）。还有研究显示，职称与去个性化存在一定程度的相关，职称越高，去个性化程度越低，职称为"初级"和"高级"的得分显著高于"副高级"和"中级"（杨琼娃，2017）。综合学者的研究，关于职称与特殊教育教师的职业倦怠关系，看法不尽一致，但总体趋势是一致的。在情绪衰竭上，职称越高，程度越严重；在个人成就感上，职称越高，成就感也越高；在去个性化上，职称越高，去个性化程度相对越低。分析原因，特殊教育工作是一种情绪劳动，职称越高的老师在获得了专业上的认可后，情绪付出的动力可能会下降，相对而言，还未获得职称或正在争取更高职称的老师却会让自己充满激情，但对于成就感和去个性化，职称高的特殊教育教师因为专业上取得的成就多，成就感就会比较高，人格也会得到锤炼。

5.2.4.2 特殊教育教师职业人格特质与职业倦怠的关系

本研究显示，特殊教育教师职业人格特质及其附属维度与职业倦怠中的低自我成就感得分呈显著正相关，与职业倦怠中的情绪衰竭和去个性化维度得分呈显著负相关。特殊教育教师职业人格特质对职业倦怠的预测效果得到统计要求，其中效能感特质对特殊教育教师的职业倦怠预测效果最好。从现有的文献来看，对于特殊教育教师的职业人格和职业倦怠之间的关系研究比较少，但也有研究认为，教师的人格特征是影响教师职业倦怠的重要因素（刘柏桥，方俊明，2015）。教师的职业压力是教师产生职业倦怠的最直接原因，而教师能否体验到压力，与其人格特征有关，是外部条件与人格因素相互作用的结果。已有的研究表明，具有内在的制控信念、对其专业生涯具有强烈使命感的教师不容易感到倦怠；另外，自尊与职业倦怠也具有高相关性，低自尊者更易感受到压力并产生职业倦怠，高自尊者则较少受到工作压力的影响，他们往往具有积极的自我观念，不容易产生职业倦怠。从本研究结果来看，特殊教育教师的职业人格，的确可以作为一个对职业倦怠的预测变量，同样，职业倦怠可以作为职业人格的校标来反馈职业人格。总体而言，特殊教育教师的职业人格水平是比较好的，而职业倦怠的整体水平也处于中等，我们可以设想，如果在入口处对特殊教育教师的职业人格进行评估，并加以甄别来选择教师，将会有助于降低特殊教育教师的职业倦怠程度。另外，效能感最能预测职业倦怠，说明职业倦怠的出现与特殊教育教师工作中的成就感有很大的关系，而效能感高的老师，容易认可自我，相信自己，这对于面对特殊教育对象遇到的教育难度是很有效的能力。总之，通过此项研究可以更加确定特殊教育教师职业人格研究的价值。

5.3　特殊教育教师核心职业人格特质对教师角色冲突的影响

5.3.1　研究目的

考查特殊教育教师核心职业人格特质是否与角色冲突相关，在此基础上，进一步检验特殊教育教师核心职业人格特质对特殊教育教师角色冲突的预测性。

5.3.2　研究方法

5.3.2.1　被试

同 5.1.2.1。

5.3.2.2　工具

1. 特殊教育教师核心职业人格量表

同 5.1.2.1。

2. 教师角色冲突量表

采用 Maslach 编制的"角色冲突／角色模糊量表"（许馨月，2017），该量表的 Cronbach' α 系数角色模糊分量表为 0.82，角色冲突分量表为 0.76，说明量表具有良好的内部一致性信度和结构效度。该量表共 21 道题，量表采用 Likert5 点评分进行累计计分，1 表示"从来没有"，2 表示"偶尔有"，3 表示"说不清楚"，4 表示"经常如此"，5 表示"总是如此"。总体分数的高低与角色冲突和角色模糊程度呈正相关。

5.3.3 研究结果

5.3.3.1 特殊教育教师角色冲突的现状特征

表 5-17 显示了样本在角色冲突总分的最小值、最大值、平均值和标准差等分析结果。

表 5-17 我国特殊教育教师角色冲突的描述性分析

维度	N	最小值	最大值	M	SD
角色冲突总分	3 635	21	105	63.115	10.206

根据独立样本 t 检验结果（如表 5-18 所示），我国特殊教育教师的角色冲突总分在性别上存在显著差异，具体表现为，在角色冲突总分上，男性教师显著高于女性教师（t=2.767，$p < 0.01$）。

表 5-18 我国特殊教育教师角色冲突性别差异的独立样本 t 检验

维度	性别	$M \pm SD$	t	p
角色冲突总分	男	42.522 ± 14.030	2.246*	0.025
	女	41.286 ± 12.844		

注："*"表示在 0.05 水平上达到显著性；"**"表示在 0.01 水平上达到显著性；"***"表示在 0.001 水平上达到显著性。

我国特殊教育教师角色冲突地域差异的单因素方差分析结果显示（如表 5-19 所示），我国特殊教育教师角色冲突总分存在显著的地域差异。事后多重比较结果进一步表明：

在教师角色冲突总分上（F=7.909，$p < 0.001$），华东地区教师得分显著高于东北、华北、华中地区的教师；华南地区教师得分显著高于东北、华北、华中地区的教师；西南地区教师得分显著高于东北、华北、华中、西北地区的教师；西北地区教师得分显著高于东北、华中地区的教师。

表5-19　我国特殊教育教师角色冲突地域差异的单因素方差分析与事后多重比较

维度	地区	$M \pm SD$	MS	F	p	事后多重比较
角色冲突总分	1. 东北	39.581 ± 14.263	1 338.427	7.909***	0.000	2 > 1, 3, 4 5 > 1, 3, 4 6 > 1, 3, 4, 7 7 > 1, 4
	2. 华东	42.753 ± 12.568				
	3. 华北	40.717 ± 12.979				
	4. 华中	39.720 ± 12.989				
	5. 华南	43.015 ± 12.910				
	6. 西南	43.963 ± 11.656				
	7. 西北	41.960 ± 12.520				

注："*"表示在 0.05 水平上达到显著性；"**"表示在 0.01 水平上达到显著性；"***"表示在 0.001 水平上达到显著性。

借助单因素方差分析对我国特殊教育教师角色冲突的年龄差异进行分析，单因素方差分析与事后多重比较结果表明（如表 5-20 所示），我国特殊教育教师的角色冲突总分存在显著的年龄差异，具体表现为：

在角色冲突总分上（F=73.753，$p < 0.001$），20～30 岁教师显著高于其他较年长的教师。31～40 岁教师显著高于 41～50 岁和 51～60 岁教师。

表5-20　我国特殊教育教师角色冲突年龄差异的单因素方差分析与事后多重比较

维度	年龄分组	$M \pm SD$	MS	F	p	事后多重比较
角色冲突总分	1. 20～30 岁	46.001 ± 13.111	11 908.729	73.753***	0.000	1 > 2, 3, 4 2 > 3, 4
	2. 31～40 岁	41.489 ± 12.910				
	3. 41～50 岁	38.598 ± 12.247				
	4. 51～60 岁	37.112 ± 12.159				

注："*"表示在 0.05 水平上达到显著性；"**"表示在 0.01 水平上达到显著性；"***"表示在 0.001 水平上达到显著性。

我国特殊教育教师角色冲突在教龄变量上的差异单因素方差分析结果如表 5-21 所示。特殊教育教师角色冲突总分上的差异显著。结合事后多重比较结果发现：

在职业倦怠总分（F=105.400，$p < 0.001$）上，教龄在 5 年以下的教师得分显著高于其他教龄较长的教师群体。

表5-21 我国特殊教育教师角色冲突教龄差异的单因素方差分析与事后多重比较

维度	教龄	$M \pm SD$	MS	F	p	事后多重比较
角色冲突总分	1. 5年及以下	45.751 ± 13.177	17 060.529	105.400***	0.000	1 > 2，3
	2. 6 ~ 15年	42.660 ± 13.036				
	3. 15年以上	38.420 ± 12.274				

注："*"表示在0.05水平上达到显著性；"**"表示在0.01水平上达到显著性；"***"表示在0.001水平上达到显著性。

基于单因素方差分析和事后多重比较结果（如表5-22所示），发现人口学变量中的教师职称对特殊教育教师角色冲突影响显著。具体表现为：

在角色冲突总分（F=43.419，$p < 0.001$）上，初级以及未定级教师得分显著高于中级和副高级教师；具有中级职称教师的得分显著高于中级教师；正高级教师显著高于其他级别的教师。

表5-22 我国特殊教育教师角色冲突职称差异的单因素方差分析与事后多重比较

维度	职称	$M \pm SD$	MS	F	p	事后多重比较
角色冲突总分	1. 初级及未定级	43.987 ± 13.408	7 180.298	43.419***	0.000	1 > 2，3
	2. 中级	39.962 ± 12.520				2 > 3
	3. 副高级	37.834 ± 11.971				4 > 1，2，3
	4. 正高级	55.836 ± 20.142				

注："*"表示在0.05水平上达到显著性；"**"表示在0.01水平上达到显著性；"***"表示在0.001水平上达到显著性。

5.3.3.2 特殊教育教师职业人格特质与角色冲突的相关分析

对特殊教育教师职业人格特质及其附属维度与教师角色冲突进行了Pearson相关分析，具体结果见表5-23。基于相关分析结果发现，特殊教育教师职业人格特质及其附属维度与角色冲突总分呈显著的负相关。

表5-23 特殊教育教师核心职业人格特质与角色冲突的相关分析

因素	角色冲突总分
事业心	−0.419**
效能感	−0.321**
自控力	−0.389**
同情心	−0.306**

续表

因素	角色冲突总分
进取心	−0.390**
平和心境	−0.294**
奉献精神	−0.312**

注："*"表示在 0.05 水平上达到显著性；"**"表示在 0.01 水平上达到显著性；"***"表示在 0.001 水平上达到显著性。

5.3.3.3 特殊教育教师职业人格特质对角色冲突的预测

为了进一步分析特殊教育教师职业人格特质对角色冲突的预测效果，以特殊教育教师职业人格特质的 7 个维度作为自变量，以特殊教育教师的角色冲突总分作为因变量进入回归方程，进行多元逐步回归分析，结果如表 5-24 所示。首先，根据共线性诊断的方差膨胀因子指标（VIF）显示，VIF 取值在 1.595 ~ 3.029，均小于 10，表明数据没有明显的共线性。其次，从表 5-24 来看，特殊教育教师职业人格特质中的 7 个维度全部进入回归方程，多元相关系数为 0.466，联合解释的变异量为 21.7%，其中事业心的解释率最高，为 17.5%。综上所述，特殊教育教师职业人格特质对职业角色冲突的预测效果较好，其中，事业心特质对特殊教育教师的职业角色冲突的预测效果最好。

表 5-24　特殊教育教师核心职业人格特质对角色冲突的回归分析

自变量	R	R^2	ΔR^2	β	t	p	VIF
事业心	0.419	0.175	0.175	−0.641	−7.621***	0.000	3.029
进取心	0.442	0.195	0.020	−0.753	−5.525***	0.000	2.286
效能感	0.452	0.204	0.009	−0.341	−4.547***	0.000	1.595
自控力	0.457	0.209	0.005	−0.599	−5.356***	0.000	2.659
奉献精神	0.462	0.214	0.004	−0.383	−4.727***	0.000	1.531
同情心	0.465	0.216	0.003	0.410	3.827***	0.000	2.319
平和心境	0.466	0.217	0.001	−0.222	−2.039*	0.046	1.643

注："*"表示在 0.05 水平上达到显著性；"**"表示在 0.01 水平上达到显著性；"***"表示在 0.001 水平上达到显著性。

5.3.4 讨论

5.3.4.1 特殊教育教师角色冲突的总体情况

社会角色是由个体的社会身份和社会地位所决定的、符合社会期望的行为和态度的总模式，处于社会场域下的人们总是扮演着不同的角色，有时候可能会扮演很多种角色，形成角色丛。角色冲突是指个体不能满足多种角色要求或期待而造成的内心或情感的矛盾与冲突（杨秀玉和孙启林，2004）。由于特殊教育的特殊性，特殊教育教师的角色更加多元，特殊教育教师除了普通教师的一般角色特征外，还应成为学生特殊教育需要的诊断者、学生优势治理的开发者、学生差异教学的设计者、学生学习指导的合作者（盛永进，2011）。特殊教育教师的角色冲突是教师在承担特殊教育角色职责的过程中感受到的内心不协调或者不一致的体验，包括角色内冲突和角色间的冲突。角色内冲突主要指担任特殊教育教师的角色认知和角色实践的差距，角色间冲突是指特殊教师因为要同时担任多种角色，不同角色之间的各种要求相互矛盾而引起的冲突（盛宾，2005）。本研究发现，特殊教育教师的角色冲突程度中等，但有变得严重的潜在风险。从特殊教育教师角色冲突的描述统计中可以发现，均值达到63.11，进一步分析问卷的分值发现，问卷中前9题为反向题，得分都比较高，其余题目大多数受访者选择了"基本不符合"和"完全不符合"，综合来看，特殊教育教师的角色冲突的总体状态不算严重。查阅文献发现，对特殊教育教师角色冲突的研究比较少，缺少全面的数据和分析。教师职业是角色冲突的一种典型情境（杨秀玉，2004），相对而言，特殊教育教师的工作更加复杂，更加具有挑战性，更加缺乏社会支持，理论上来讲，角色冲突应该是比较严重的，为何研究结果却呈现出比较令人欣慰的状态？对此，本研究分析主要有两方面原因：一是近些年特别是党的十七大以来，国家对特殊教育的发展更加重视，支持力度更大，特别是 2014 年以来，连续出台两期特殊教育提升计划，为特殊教育提供更多的经费保障，特殊教育专业化也得到了快速发展，这也有利促进特殊教育学校走向规范，特殊教育师资的数量和质量得到提高，减少了因为投入不足而产生的矛盾，降低了因专业水平不高而产生的教育教学矛盾，这可能是导致特殊教育教师整体角色冲突不高的重要原因；二是特殊教育学校的管理水平得到了提升，教师角色冲突虽然很多时候来自工作本身，但学校管理是否科学、高效，是否具有人文关怀会直接影响老师的角色适应程度，减少角色冲突，这些年，一方面因为国家投入加大，政策执行的力度加大，特殊教育学校的建设数量在增加，另一方面，学校的管理也越来越规范，这可能是特殊教育教师角色冲突不太突出的另一个重要原因。

本研究显示，特殊教育教师在面对角色冲突时，男教师要比女教师的冲突程度更高。造成这种差异的原因可能是多方面的，但在特殊教育学校中女教师数量比较多，交流的范围更广，可能会有助于减少女教师的角色冲突，更为重要的原因可能是女教师相对而言更容易接受自己的角色，由于社会上依然存在着对特殊教育的偏见，男教师可能会面临更多误解，所以导致角色适应的压力变大，角色冲突的程度也就变高了。

本研究显示，特殊教育教师在面临角色冲突时，也存在地域之间的差异。相比较而言，西南地区、华东地区和华南地区的特殊教育教师的角色冲突更严重一些。出现这种差异的原因，可能与地区文化背景和地区特殊教育发展的水平有关，相对而言，这几个地区都处于南方，面对特殊教育工作中的任务，老师对自身的要求相对比较高，可能加剧了角色冲突，还有，特殊教育发展水平总体程度比较高，特殊教育的改革变化相对也比较剧烈一些，这在某种程度上也会加剧角色冲突。关于地区之间的差异，还需要进一步深入研究。

本研究显示，在教龄和年龄变量上均出现，随着教龄和年龄的增长，角色冲突降低的情况。总体来看，入职不久的年轻教师的角色冲突程度更突出一些。分析这其中的原因，对于年轻教师来说，有一个角色认知和角色扮演的过程，在初次面对特殊教育时，要面对多种角色，这些角色对年轻教师提出了不同的期待，当教师无法调整和适应时就会产生角色间的冲突，一方面，家长和学校希望年轻教师能够上好课、管理好班级，但年轻教师除了教学除了需担任照顾学生的角色、安全管理的角色，还要承担教研的任务，这些都会导致年轻教师的角色间冲突；另一方面，年轻教师可能还要面对学校内部不同部门的工作要求，甚至很多要求是矛盾的，而年轻教师要领悟自己的角色也需要时间。

本研究显示，在职称这个变量上，总体趋势为职称越高，角色冲突程度越低，但值得一提的是，正高级教师的角色冲突是最高的。职称越高，专业能力越高，对角色的适应程度越高，面对工作中的冲突调节能力也越高，这与日常工作中观察的情形是一致的。正高级教师的角色冲突比较高，这是让人意外的结果，但进一步分析，正高级教师可能会额外担任一些行政职务，而且由于正高级教师年龄普遍偏大，往往已经组建家庭，担任家庭角色，这些都可能会导致角色冲突，还有正高级教师可能更有机会参加校外的授课、采访等其他社会活动，在这些过程中，可能会产生与外领域群体的社会比较。另外，正高级教师参与问卷调查的只有6人，数量很少，且数据的标准差达到了20.14，个别老师的数据影响了整体数据。

5.3.4.2　特殊教育教师职业人格与角色冲突的关系

本研究显示，特殊教育职业人格特质及其附属维度与教师角色呈现显著的负相关。特殊教育教师职业人格特质对特殊教育教师职业冲突的预测效果较好，其中事业心特质对特殊教育教师的职业角色冲突的预测效果最好。从研究结果来看，这是符合本研究的预期的。特殊教育教师的职业人格作为教师素质中最稳定，也是最具有潜在力量的因素，人格发展越完善、越协调，个体在面对工作中角色冲突的时候就越容易应对。而本研究提出的特殊教育教师职业人格所包含的 7 个特质维度，从心态的调整和进取的态度上都与个体适应特殊教育教师的角色密切相关，特别是事业心特质维度，强烈的事业心会让教师更容易接受工作任务，也愿意以积极的心态来面对工作，这有助于角色适应和减少因角色任务众多带来的不适。而进取心强的教师，会对自己提出不断进步的要求，也就会促使其有更多的动力来解决问题、化解矛盾。而效能感高，则会让老师更加自信，更愿意相信自己有能力应对各种冲突，从而调整心态。自控力强的教师会约束自我，提高工作的效率，更好地解决问题，也有助于化解因角色适应带来的问题。当然，奉献精神、同情心和平和心境水平高的教师，更容易用理性的目光来看待工作中的问题，也更容易理解同事们的付出，在对比中更愿意用平和的心态来应对，这也是能降低角色冲突的特质。总之，从本研究的结论来看，特殊教育教师的职业人格对于完成工作任务、提高适应水平、减少角色冲突都具有潜在的重要意义。

第6章　研究结论及展望

6.1　研究结论

（1）探索性因子分析结果与量表编制者的理论构想基本一致，经验证性因子分析表明，测量数据与构建模型之间拟合合理，7个维度模型结构稳定、可靠，本问卷可以作为测评特殊教育教师职业人格的工具。

（2）通过考察 Cronbach's α 系数、分半信度，表明量表具有良好的信度。

（3）通过文献法、访谈法，以及听询专家意见等方法，考察量表的内部一致性，验证性因子分析保证问卷具有较好的内容效度和结构效度。

（4）我国特殊教育教师职业人格总体状况良好，在性别、年龄、地域、教龄及职称方面水平有差异。

（5）通过分析职业人格量表与职业承诺、职业倦怠和角色冲突量表各因子之间的相关，验证了特殊教育教师职业人格量表的信度和效度，表明特殊教育教师职业人格问卷对特殊教育教师的工作适应性具有很好的预测功能。

（6）特殊教育教师职业人格量表可广泛用于特殊教育教师的选拔、培训和评估。

（7）特殊教育教师职业人格可以通过人才选拔、学校制度和文化建设，校长领导力提升等策略得到优化和培育。

6.2 研究不足

（1）本研究的样本取样数量方面比较充足，但要构建符合全国特殊教育教师整体情况的量表，并找到特殊教育教师的核心职业人格特质及其结构，数量方面可以进一步扩大，同时在数据的结构方面，地区分布上不是很均衡，相对而言，华中地区和西南地区的数据偏少。在学校类型变量方面，盲校和自闭症类学校的数据也偏少。未来学者研究可以进一步考虑在取样上更具代表性，特别是对于样本地域分布、样本的年龄（教龄）分布方面，应做到更多、更均衡。

（2）未能做效标－关联效度和重测信度。在问卷编制部分，研究采用内容效度、结构效度、内部一致性系数作为信效度的指标，未来的研究可以考虑增加效标－关联效度，寻找一个较权威的职业人格问卷与自编问卷进行效度的检验，也可以增加重测信度作为信度指标，使研究的结果更具说服力。

（3）组成各因子的数量分布不均衡，有些因子，如"平和心境"只有3个项目，而有些因子，如"进取心"和"奉献精神"只有4个项目。

（4）个别因子的测量学指标不太理想，如"奉献精神"因子的信度指标相对偏低。

（5）本研究的样本主要来自特殊教育学校和机构，但从目前特殊教育发展的趋势来看，从事特殊教育工作的教师不仅包括特殊教育学校（机构）的教师，还应该包括在普通学校承担随班就读任务、送教上门任务的普教老师，还有一些民办特殊教育机构的老师，本研究中未能将这些人群包含进去，未来研究中要扩大研究对象的范围，提高研究结果的适用范围。

6.3 研究展望

（1）进一步考证、修订和完善特殊教育教师职业人格理论模型，使其各因子的项目分布、信效度指标等更加合理。

（2）建立特殊教育教师胜任力指标模型，将其作为效标体系进一步考察的效标关联效度。

（3）全面考虑地区、特殊教育类别、性别、年龄及职称等因素，进行大规模取样，建立特殊教育教师职业人格常模，编制特殊教育教师职业人格测量手册。

（4）编制特殊教育教师职业人格测量指导手册，开发测试软件，并在全国推广使用。

下编：
特殊教育教师专业发展的实践研究

自改革开放以来，我国特殊教育得到了长足发展，特别是进入 21 世纪以来，更是进入了发展的快车道。党的十七大提出"关心特殊教育"，党的十八大提出"支持特殊教育"，全国第十八届五中全会首次明确提出"办好特殊教育"的要求，党的十九大又再次将"办好特殊教育"写入报告中，党中央对特殊教育的高度重视正在有力推动我国特殊教育的快速发展。2014 年和 2017 年，国家连续颁布两期特殊教育提升计划，为我国特殊教育的发展注入了强大的动力。2017 年，国家又颁布了修订后的《残疾人教育条例》，进一步从法制层面为推动特殊教育发展提供了保障。国家层面对特殊教育的强力推动，有效地促进了特殊教育的发展。到 2019 年新中国成立 70 周年之际，中国的特殊教育取得了巨大成就，形成了中国特色的发展模式，为在全球范围内建立零拒绝、无歧视的全纳教育体系做出了贡献。据统计，截至 2018 年底，我国特殊教育学校数量达到 2 512 所，较 1946 年增长了 53 倍；在校特殊学生人数达到 66.59 万人，较 1946 年增长了 286 倍；专任教师人数达到 5.87 万人，较 1953 年增长了 131 倍；2017 年特殊教育学校经费支出达到 142.3 亿元，较 1989 年增长了 145 倍多。在教育规模不断扩大的同时，特殊教育法制体系也在不断完善，截至 2018 年，涉及残疾人权益保障的法律法规达到 80 多部，行政法规有 50 多部，标志着我国特殊教育的发展已经开启了依法治教的新篇章。特殊教育法规的不断建设和完善也推动了特殊教育体系的健全。目前，我国特殊教育的义务教育水平不断提升，已经基本实现了"零拒绝"和"全覆盖"，非义务教育阶段教育也得到了初步发展，2012—2018 年，为家庭困难的学前残疾儿童提供了 10.5 万人次资助，截至 2018 年，全国已有 61 所普通本科高校开设特殊教育专业，高职院校开设特殊教育专业点 37 个。随着特殊教育规模的扩大和体系的不断完善，我国特殊教育也形成了以国家财政性投入为主的特殊教育投入体制，2000 年，特殊教育学校财政经费支出是 10.7 亿元，2017 年提高到 142.7 亿元，相比于 2000 年，2017 年国家财政性经费投入的占比从 72% 提高到了 97%，义务教育阶段普通学校和特殊教育学校学生的生均公用经费标准也提高到了 6 000 元以上。"普特融合"的特殊教育发展模式也初步形成，特殊儿童接受教育的形式更加多样，包括特殊教育学校、特殊教育班、随班就读、送教上门及远程教育等多种方式。特殊教育教师培养体系日趋完善，不仅建立了专门培养特殊教育师资的机构，特殊教育教师的学历层次也不断提高，教师队伍的组成也更加多样化。

党和政府越来越重视特殊教育的发展，将特殊教育的发展作为改善民生和促进社会和谐的重要内容。进入新时代，特殊教育发展也开始迈向新征程。对照党的十九大提出的"办好特殊教育"的要求，一方面，这为我国特殊教育的发展指明了方向，另一方面，也让我们更清楚地认识到，特殊教育的整体质量不高是一个不争的事实。未来，如何提升特殊教育的质量，就成了特殊教育发展的核心问题！

如何提升特殊教育的质量、推动我国特殊教育不断发展，学者们提出了不同的建议，概括起来主要有以下几个方面：一是推动特殊教育立法，通过完善法律法规，为特殊儿童受教育权的实现提供"强大的制度依托和现实保障"（陈鹏，2015），让特殊教育走出"特事特办"的"照顾"状态，进入依法依规推进工作的"平等"状态；二是理顺特殊教育行政管理体制，提升特殊教育行政管理能力；三是加大特殊教育的经费投入，为特殊教育发展提供资金和资源保障；四是探索和构建中国特色特殊教育理论体系，并建设具有适切性的特殊教育课程体系；五是加强特殊教育教师队伍建设，提高特殊教育教师的整体专业水平，使其满足未来特殊教育高质量发展的要求。

特殊教育的发展是一个国家和地区文明程度的体现，也是一个国家和地区文明进步与和谐的必然要求。特殊教育的发展是一项系统工程，涉及的面非常广，要推动特殊教育高质量发展，必须要全面准确地对发展的水平和存在的问题做出准确的分析。从上述的分析我们可以得出一些结论：我国特殊教育的发展已经站在一个新的起点上，未来的发展将从"量"的发展逐步向"质"的提升转变，而要实现这一转变，需要从诸多方面共同发力。相较于立法、资金投入等方面的因素，笔者认为，特殊教育教师队伍的建设是所有因素中对特殊教育高质量发展影响最直接，也是影响最长远的因素，是特殊教育活动最终取得实效的关键因素，是特殊教育事业发展的基础和动力，也是特殊教育持续改进的最深刻的变革力量（石学云，2012）。未来30年将是我国全面实现小康，实现中华民族伟大复兴的关键30年，也是特殊教育进入新时代，实现高质量发展的30年。我们拥有一支怎样的特殊教育教师队伍、我们在特殊教育的职业生涯中提供何种影响和支持，将会直接并深刻地影响中国特殊教育的发展。

因此，如何选拔出最适合从事特殊教育的人才进入特殊教育教师队伍，如何营造良好的学校管理和文化环境，不断提升特殊教育教师的"教育人格"，将是特殊教育教师队伍建设必须要深入思考和解决的问题。基于前文对特殊教育教师职业人格的研究结果，我们将从特殊教育教师队伍建设的政策取向，特殊教育教师队伍的选拔、培养，特殊学校的治理进行探讨，并从职业人格的视角对特殊教育教师个体的专业成长提出建议。

第7章　特殊教育教师队伍发展的政策取向

　　教师是立教之本、兴教之源，教师队伍的建设是教育事业发展的基础性工作，造就一支师德高尚、业务精湛、结构合理、充满活力的教师队伍是办好人民满意的教育的基础，是推动教育高质量发展的关键。相比其他的教育类型，特殊教育由于对象的特殊性，教师对于学生成长的影响更加独特、更加深刻、更加潜移默化。随着国家对特殊教育的支持力度加大，"零拒绝"和"全覆盖"不断得到落实，特殊学校（机构）中学生的类别不断增多，程度不断加重，数量不断增多，与此形成对照的是，学生成长发展获得支持的来源依然主要是教师，而且，随着科技和社会的快速发展，学生的成长对教师的依赖程度也会越来越高。未来，特殊教育能否得到高质量的发展、特殊儿童能在多大程度上适应社会发展，都取决于特殊教育教师这支队伍能否坚守好教育的一线，是否有能力帮助特殊儿童更好地融入社会。那么，这样的一支特殊教育教师的队伍应该具备什么素质？应该如何培育？我们认为，由于特殊教育工作本身的特殊性，特别是当前特殊教育整体发展的水平并不高、全社会对特殊儿童的接纳态度还有待提高、对特殊教育的价值认识还有待提升的情况下，特殊教育教师职业往往面临着选不到人、留不住人的尴尬境地，这种情况下，对特殊教育教师队伍的建设更加需要从长远来思考，既要立足现实，又要着眼未来，既要从理论层面思考，又要在操作层面筑牢基础，逐步推进。

7.1 专业标准建设需融入职业人格的要求

教师是以人为工作对象、以教书育人为社会职责的职业。教师只有通过专门的职业训练，取得一定的从业资格，才能成为合格的专业人员。教师专业标准是确立和提升教师专业地位的重要前提，是评价教师教学质量的必要依据，也是促进教师专业发展、提高教育教学质量的重要举措（熊建辉，2008）。随着教师专业化研究的不断深入，教师专业标准也成了学界关注的热点。美国、英国等发达国家已经逐渐建立了各类教师的专业标准体系。2008 年，《巴里宣言》将制订教师专业标准视为提高师资队伍质量的战略途径（赵利静，2011）。教师专业标准的制订正在成为提升教师队伍质量，进而促进教育质量提升的重要途径。教师专业标准的建立不仅可以规范教师教育、指引教师专业发展，还为教师的选拔和退出提供依据。在这一背景下，根据教育部印发的《国家教育事业发展第十二个五年规划》，教育部教师工作司在 2012 年先后发布了《幼儿园教师专业标准》《小学教师专业标准》《中学教师专业标准》。教师专业标准的陆续出台，一方面使教育行业内部对教师培养、考核有了明晰的指引和依据，另一方面，也让全社会更加直观、具体地了解教师的职业要求。这对于教师职业的专业化进程而言是一次巨大的进步。

2015 年 8 月，教育部发布了《特殊教育教师专业标准（试行）》（以下简称《标准》），指出《标准》是国家对合格特殊教育教师的基本专业要求，是特殊教育教师实施教育教学行为的基本规范，是引领特殊教育教师专业发展的基本准则，是特殊教育教师培养、准入、培训及考核等工作的重要依据。该标准提出了四个基本理念：师德为先，学生为本，能力为重，终身学习。"师德为先"被列为四个基本理念之首，并明确其内涵为：热爱特殊教育事业，具有职业理想，践行社会主义核心价值观，履行教师职业道德规范，依法执教；具有人道主义精神，关爱残疾学生，尊重学生人格，富有爱心、责任心、耐心、细心和恒心；为人师表，教书育人，自尊自律，公平公正，以人格魅力和学识魅力教育感染学生，做学生健康成长的指导者和引路人。

《特殊教育教师专业标准（试行）》的发布，对特殊教育教师队伍的建设具有十分重要的意义。《标准》所提出的理念，特别是"师德为先"的内容里面包含了对特殊教育教师在师德方面的一些特有的要求，这对于特殊教育教师队伍的长期建设具有导向作用，既可以成为高等院校培养师资的依据，也可以成为一线特殊教育学校教师选拔的标准，还可以成为一线教师自我成长的指引。

在认真学习和落实《标准》的同时，基于本研究，笔者认为有必要在此标准的基础上进一步思考，将职业人格作为一个心理维度纳入标准，而不是仅仅从师德的角度对教师的品质提出要求。

师德是教师公德，是教师为了维护社会公共利益应该遵守的社会公共道德，是教师和一切教育工作者在从事教育活动中必须遵守的道德规范和行为准则，以及与之相适应的道德观念、情操和品质。显然，师德作为公共道德在教师工作中的体现，是一种外部要求，是个体需要去遵守的一种规范。这些规范对于特殊教育教师从教、承担好教师职责具有外在的约束力。我们必须清楚，道德是社会意识形态之一，是人们共同生活及其行为的准则和规范。道德通过社会的或一定阶级的舆论，对社会生活起约束作用（中国社会科学院语言研究所，1996）。道德作为一种社会规范，对个体具有一定的约束力，当道德内化为个体的意识、体现为道德行为时，才具有现实的意义。在《标准》里，将社会对特殊教育教师道德品质的要求列入其中，对于特殊教育教师而言会起到一定的约束作用。相比于道德的要求，职业人格作为个体的一种心理行为模式（郑雪，2007），具有情境的稳定性，似乎更像是一道分界线，具备某些特定职业人格特质的个体更适合从事特殊教育工作，在从事特殊教育工作后，根据特定的职业人格特质进行工作的安排，进行有意识的人格塑造，将会为个体做好特殊教育工作提供动力和保障。因此，将职业人格纳入《标准》，将会进一步提升《标准》的指引性和约束力。

当然，若要将职业人格纳入《标准》，必须要明确两个问题：一是职业人格内容以什么方式纳入《标准》，二是哪些职业人格特质可以纳入标准。

第一个问题：职业人格特质如何纳入《标准》？师德作为一种外在的规范，可以直接写入《标准》，作为特殊教育教师的行为规范，但现实中，我们不能确保每个教师都会要求自己遵守这些规范，更不能确保每个教师都能将这些道德内化为道德意识，形成道德情感。职业人格作为一种稳定而独特的个体心理行为模式，是个体通过与后天环境的相互作用而形成的，具有稳定性和独特性。不同的职业相对应的职业人格特质的类型、数量和结构都不一样，特殊教育教师的职业人格也有其特殊性。要让这些职业人格特质发挥甄别作用、规范作用，可以将其纳入《标准》。但职业人格在《标准》中的作用更具有强制性，因此，本研究认为，未来在完善《标准》时，可以将职业人格的特质作为一个附件列入《标准》，并建立配套的测评量表，定期对特殊教育教师进行测评，用于评定和监测职业人格状况。这样，既可以对特殊教育教师起到心理引导的作用，同时，通过在入口关的测评和平时的监测，将会逐渐"净化"特殊教育的教师队伍，让越来越多更适合特殊教育职业的人进入特殊教育学校（机构）工作，也会不断甄别出不适合特殊教育职业的"滥竽充数"或"误入歧途"的教师，从而让特殊教育教师队伍的退出机制更加科学完善，也可以更好地促进整个特殊教育教师队伍工作的效率。

第二个问题：哪些职业人格特质可以纳入标准？根据特质理论，特质构成一个人完整的人格结构，由此引发人的行为和思想，它除了应答刺激而产生行为外，也能主动引导行为，特质被看作一种神经心理结构（郑雪，2007）。基于本研究结果，笔者认为，特殊教育教师的核心职业人格结构主要分为7个因子，这些因子是从事特殊教育职业所应该具备的最基本的神经心理结构。这7个因子分别是事业心、效能感、自控力、同情心、进取心、平和心境、奉献精神，其含义分别如下。

事业心：反映个体基于对职业的敬畏和热爱而产生的一种全身心投入的认真、尽职的状态，在集体中有担当，对承担的任务认真负责，与人交往时有团队精神，面对观念差异和别人的缺点时，体现出包容。

效能感：指个体对其组织、实施和达成特定目标所需行为过程的能力的信念，在面对工作和生活中遇到的问题时，表现出求知欲和另辟蹊径解决问题的心态，以及心态平和地想办法解决问题的品质。

自控力：个体控制和支配自己的行动、按原则判断和处理事情的能力。

同情心：反映个体在面对他人的不幸时表现出来的怜悯，愿意在行动上付出支持，在与人交往时能表现出随和、亲切。

进取心：反映个体不满足于现状，坚持不懈地追求新的目标的蓬勃向上的心理状态。

平和心境：反映个体情绪稳定的心境。

奉献精神：反映个体愿意为工作和他人付出时间、经历，但不求回报。

以上 7 个因子作为特殊教育教师的职业人格核心特质，具有特定的内涵，因此，在纳入《标准》时要做必要的界定，以免因内涵过于宽泛而导致在具体应用中仁者见仁，智者见智，降低其规范和指导的作用。

7.2 构建基于职业人格的特殊教育教师准入制度

教师准入制度是在教师职业专业化过程中出现的，要求从业人员经过严格、系统的教育和培训，获得使其胜任工作的专业知识、理解力、技能、价值观等，并以获得教师资格证书为重要标志的一种职业管理制度（汪明帅，谢赛，2011）。建立教师入职标准，并通过对标准的指标化，让未来教师的培养更具有指导性和操作性，有利于从源头上确保教师队伍建设的质量。在美国、英国、加拿大等西方国家，虽然教师入职的标准在名称、要求等方面有区别，但在实行严格的教师准入制度、对即将入职的教师进行资格考核并予以认证等方面都有明确的要求，很多国家还会根据教师的入职标准来确定教师培养的内容。在我国，教师资格制度是教师作为教学专业技术人员的职业资格准入制度，教师资格是从业资格和职业资格的统一，教师资格准入制度是教师资格制度的核心内容（郭金虎，2013）。相较于我国的情况，西方国家在教师的培养和教师资格证书之间能够保持一致，并呈现以下特点（汪明帅，谢赛，2011）：一是教师的入职标准具有非常强的导向作用和甄别作用，教师入职标准是提高教师教育教学水平、规范教师教学行为，以及对教师做出评价的基本依据；二是专业标准的内容大多从专业知识、专业能力和专业道德三方面来确立，这三方面的内容都以教师专业素质为基础，通过对教师专业内容的规定提升教师的社会地位；三是以教师的入职标准作为教师准入的依据，教师的培养必须要依据教师入职标准来设计安排。

从上述的分析可以看出，西方发达国家建立和推行教师准入制度对教师队伍的建设具有重要意义，有助于为教师专业设定更加具体明确的准入门槛，从"入口"处确保了教师队伍质量的提升。

相比于西方发达国家教师资格准入制度方面的理念和做法，我国的教师资格准入制度的探索也不断加快，并逐渐上升为国家的制度，但总体来说，我国的教师准入制度还处于起步阶段。反思我国的教师资格制度，主要存在以下几个方面的问题（吴小伟，郑刚，2013）：一是从"入口"环节来看，主要存在准入条件偏低，认证标准笼统宽泛，缺乏可操作性，以及认证标准不一致、不统一等问题；二是从认证环节来看，认证内容缺乏灵活性，认证过程"重结果、轻过程"，认证机构单一化，管理不完善；三是从资格认证"出口"环节来看，主要存在资格分类不完善、科学资格认真实效性不足及资格认证的融通性不符合实际等问题。

针对以上问题，我国在教师准入方面加大了工作的力度。一方面加紧制订各类教师专业标准，另一方面，对教师资格认定的制度进行了完善。教师专业标准是对入职教师的基本要求，是国家教师准入制度建设的依据，而教师准入制度是教师队伍建设把住入口关、实现专业标准的根本保证（张文强，2013）。随着教师专业标准的陆续发布，无论是教育行业还是全社会，都对教师的入职要求有了新的尺度。我国已经颁布的中小学和特殊教育教师的专业标准都包含"专业理念与师德、专业知识、专业能力"三个维度。

根据教师专业标准对教师职业素质结构要求的规定，在教师的培养、招聘及考核等活动中，需要培育和甄别具有相应素质结构的人才进入教师队伍。基于对我国教师专业标准所确定的三个维度的分析，有学者认为，教师的专业知识素质是基础，专业能力素质是关键，社会心理素质是根本（张文强，2013）。从学界的研究来看，对于专业知识维度和专业能力维度的研究相对比较多，共识也比较多，但对于社会心理素质的研究，相对比较浅显，且争议也比较多。所谓教师心理素质，《教育大辞典》表述为"教师为完成教育教学任务所应具备的心理和行为品质的基本条件。"我们注意到,《教育大辞典》在表述教师的职业素质这个概念时是偏重于从心理的角度的，但很多学者在讨论教师素质的时候更加注重的是师德，是从社会规范的角度来思考。不可否认，将社会的道德要求和教师职业特点结合起来，构建教师的职业道德标准，作为教师培养、选拔、考核的标准具有积极的意义，也符合大众对教师职业的期待，特别是在我国这样一个具有非常浓厚的"尚德"传统的国家，更容易被大众所理解和接纳。但要注意的是，一旦确定了师德的标准并将其纳入教师专业标准，师德就会成为规则和规范，每个想要进入教师行业的人员都会参照这个标准来约束自己，这是师德作为标准所发挥的积极作用，但与此同时，我们也要看到，一旦师德变成了一种外在的规则或规范的时候，它就只能从外在来约束人，虽然很多人也会逐渐将外在的要求内化为个人的信念，但我们不可否认的是既然师德是外在规范，就很难用这个标准来预测教师未来的行为。但我们知道，作为教师培养、选拔和考核依据的专业标准，是教师"入口"把关的重要依据。如果我们在"入口"的时候不能选出真正适合从事教师职业的人进入教师行业，教师专业标准所起到的作用就会打折扣。正如前文所述，应该将具有预测功能的职业人格纳入专业标准的体系中来。在此前提下，关于我国的特殊教育教师准入制度该如何进一步改进，本研究认为可以采取以下三方面的举措。

（1）高标准。未来，随着经济发展、社会进步，特殊教育的发展将越来越彰显一个国家和地区教育的水平和文明的程度。特殊教育教师承担的社会责任将会越来越大，而且随着社会文明程度的提升，真正实现特殊儿童接受教育的"零拒绝""全覆盖"，这就意味着未来接受教育的特殊儿童的程度会越来越重，类别也会越来越多，在这个发展趋势下，教育的质量却要求越来越高，就需要有一支专业的特殊教育教师队伍。建设一支好的队伍，有两个重要因素，一是选择适合的人进入教师队伍，二是营造良好的成长环境，培育好教师。相对而言，无论是学界还是各地教育行政部门、基层学校，都比较注重教师的培养，对教师的"入口"关把得不是很严。从目前我国特殊教育教师结构和素质层次来看，显然，我们的"入口"是很宽大的。这种情况当然与特殊教育发展的阶段有很大关系，不能全盘否定。但着眼未来，我们必须要以高标准制订特殊教育教师的准入制度。所谓高标准，本研究认为有三个方面的工作必须要在普通教师准入制度的基础上进一步提高：一是特殊教育教师的选拔统筹部门应该由教育部层来负责，具体工作可以通过组建特殊教育专业委员会、委托委员会来完成，但标准和操作流程必须由教育部制订；二是要设立特殊教育的双重资格证书，所有想成为特殊教育教师的人必须要拿到专门的资格证书，同时还要拿到基于特殊教育教师职业人格的测评合格证书；三是特殊教育教师在入职前要有专门的实习经历，实习期间的评价作为入职的条件。

（2）严要求。"严要求"主要体现在准入制度的操作层面上。要成为特殊教育教师，必须要经历严格的"甄选"过程，这一过程的"严"，既体现在对标准执行的严格上，也体现在过程的严格上。2015年8月，国家颁布《特殊教育教师专业标准（试行）》，内容主要包括三个方面：特殊教育教师的专业理念与师德、专业知识和专业能力。按照目前教师资格的制度，要成为特殊教育教师，只需要达到《标准》的要求，而且考核的重点是知识和能力。现实中，如何让这些标准成为特殊教育教师资格考核的具体标准和操作办法，目前还有待进一步研究和细化。既然特殊教育教师的职业资格是依据《标准》来确定考核内容和标准的，本研究认为想要选到适合特殊教育工作的教师，必须要严把标准关，必须要全部达标才能获得资格。基于本研究的结论，具备与特殊教育职业相匹配的人格对于提升未来工作的绩效、降低职业倦怠及减少角色冲突都具有积极的作用。因此，在标准的执行上，要全面且严格，要将长期忽略的"师德"部分严格纳入考核的范围，但对"师德"的考核要从外在规范的层面深入到内在素质，也就是要将职业人格纳入标准，而且要作为基本的内容。还有，特殊教育教师的资格考核要由教育部统筹建立的专业委员会组建的特殊教育专家来考核，而不是由普通教育教师资格考试委员会来考核。除了《标准》要严格执行外，获得教师资格的过程也要严格。特殊教育教师的考核过程除了常规的统一考试和面试外，还要增加专门的心理测试，以及加入相关人员的访谈。

（3）设立三级测评准入制度。特殊教育教师面对的教育对象是特殊儿童，学生存在着不同程度的身心发展缺陷或障碍，面对特殊的教育对象，特殊教育教师不仅要有作为教师应该有的基本素质，还要具备"特殊的人格"，这些人格特质要与特教工作相匹配。正如本研究所揭示的，特殊教育教师要具备7个维度的核心人格特质。如前文所述，人格是个体在与社会环境互动的过程中形成的，一旦形成这种心理行为模式，就具有相对的稳定性，在时间上具有前后一致性，空间上具有一定的普遍性。但人格的相对稳定性并不意味着它一成不变，在个体的发展中，人格是具有可塑性和可变性的。所以，对个体职业人格的考察，除了在教师资格考核中运用心理测评的方法进行考核外，我们还需要通过拉长时间跨度来进行考核。在美国，一名特殊教育专业的学生想要获得特殊教育教师的任职资格，首先要取得普通教育教师的资格证书，同时，还要根据将来的教育对象取得专门领域内的资格证书，且这些证书是 5 年内有效的（汪斯斯，雷江华，2007）。日本、韩国以及我国台湾地区试行资格准入与资格等级结合的制度，如日本将教师资格分为专攻证书、一级证书、二级证书和三级证书（朴永馨，2000），我们可以借鉴其做法，将特殊教育教师的考核分成三级，第一级是在进入大学前的评价，第二级是在入职前的评价，第三级是在入职后五年内，也就是获得教师资格证之后第一次换发资格证前进行考核。三级考核时间跨度大约 10 年，在这个时间跨度下，对个体人格的考察会得到比较客观准确的评价。

第 8 章 优化特殊教育教师的培养

8.1 师资培养过程注重职业人格的考察

党的十九大明确提出要"办好特殊教育"。要办好特殊教育，必须要有一支数量充足、结构合理、素质优良、富有爱心的特殊教育教师队伍。未来，要不断提升特殊教育的质量，这支特殊教育的队伍不仅要在数量上不断突破，更要在质量上不断提升。要做到这两点，一方面，要通过扩大培养的规模来增加特殊教育教师的数量；另一方面，要通过稳定队伍、减少流失，确保进入特殊教育教师队伍的人才愿意从事特殊教育工作，且有能力做好特殊教育工作。随着社会经济的发展，根据特殊教育发展的规模，增加特殊教育师资培养的数量应该不难，但为确保进入特殊教育教师培养体系的人适合特殊教育工作并能高效做好特殊教育工作，就需要在"入口处"把好关。基于本研究的相关结果，笔者认为，特殊教育师资培养的入口关，不仅要看文化课的成绩，还应该考察报考者的人格特质，通过专业的测评选出适合从事特殊教育工作的考生进入特殊教育专业。

要把好"入口关"，需要做好以下工作。

（1）从教育部层面，分管特殊教育的基础教育司和高等教育司要联合指导全国开设特殊教育专业的高校，持续做好特殊教育专业的介绍和宣传，向考生介绍特殊教育专业的学习内容、将来工作的职责，以及工作中可能会面临的问题，让考生可以清晰地了解特殊教育专业的性质和特殊教育工作的特点。只有充分了解特殊教育专业和职业的基础，考生做出的选择才有可能是相对理性的。当然，各高校之间为了吸引生源会介绍学校在专业方面的优势，这是必要的，但一定不要夸大或隐瞒特殊教育工作可能面临的问题的情形。

（2）招生流程中依托各省、自治区和直辖市的教育行政部门，统筹做特殊教育专业招生的发动工作。在充分发动的基础上，联合招生高校做好报考学生的职业人格测评工作，根据测评结果，结合考生的意愿、考生的成绩来录取学生。当然，这样的做法需要花费比较大的成本，对于教育行政部门和高校来说，存在一定的难度，但考虑到一线学校用人的实际和特殊教育长远发展的需要，是有必要采取这样的措施的。为降低工作的难度，本研究建议，将来可以采用信息技术的手段，考生在网上选择报考特殊教育专业时就会收到职业人格测评的链接，通过网络平台完成测评，这样就提高了教育行政部门和高等院校的工作效率。

（3）建立专业学习期间的测评和淘汰制度。从目前我国高等教育来看，学生留级、淘汰的情况虽然有，但比率很低，而且大多数情况下是由于无法完成学业或违反纪律，由学校主动从专业适合度角度来测评并进行淘汰的情况几乎没有。基于本研究，我们已经明确知道，并非所有的人都是适合做特殊教育工作的，只有人职匹配，才能降低管理成本和人力资源成本，才能更高效也更安全地完成工作，这是未来特殊教育领域必须要逐步完成的一项改革。要做到这一点，我们在高等院校特殊教育专业的培养方面就要进行持续的甄别，并建立淘汰机制，将不适合特殊教育工作的学生甄选出来，并进行专业的调整和安置，这既有利于学生个人的发展，也有利于特殊教育专业人才的培养。当然，这样做需要非常专业的技术支持，也需要良好的机制和氛围来保障，所以建议未来所有设立特殊教育专业的学校，主要是特殊教育专业在进行好课程建设、教科研工作的同时，还应该逐步建立学生职业人格的甄别机制。

在上述的工作中，我们也必须注意几个问题：一是是否适合特殊教育工作没有绝对的标准，只是一个度的问题，我们在甄别的同时更要做好培养工作，个体的人格在一定的情境中具有稳定性，但也具有可塑性；二是甄别学生的人格是一项技术性很强的工作，经过了招生时的职业人格测试，进入特殊教育专业的学生都已经确定是比较适合从事特殊教育工作的，在读期间继续进行测评和甄别对于学生而言是一个互动的过程，一定要注意学生参与测评的心态，一定要让学生明白，这样的工作机制是为了确保自己的选择和未来职业之间更加匹配；三是国家要进一步提高特殊教育教师的工资待遇，宣传特殊教育工作的社会价值，提升特殊教育工作者的社会地位，只有做到这一点，特殊教育教师的甄选才有可能做到。

8.2　培养的课程体系须安排职业人格有关的课程

随着特殊教育专业化发展，特殊教育教师的培养也必将更加专业化，特殊教育教师培养的系统性、前瞻性也必将更加得到重视。高等院校如何设定特殊教育培养的目标、如何设定特殊教育专业培养的规格，将会决定特殊教育师资培养的方向和质量。因此，开设特殊教育专业的高等院校，在设定培养目标、安排学习课程时，除了要考虑教师所应该有的共同素质

（教育部师范教育司，2003）外，还应该将特殊教育职业所具有的特别的专业知识、专业能力和专业道德及心理品质纳入进来进行系统设计。关于特殊教育的专业能力和专业知识，已经有很多研究，这里就不再赘述了。基于本研究的成果，本书重点讨论为何要将"职业人格"的内容纳入培养的课程体系，以及如何设置和安排"职业人格"相关的课程，还有在课程设置和实施中应该注意的事项。

（1）职业人格的内涵。人格是个体在先天的生物遗传素质基础上，通过与后天社会环境相互作用而形成的相对稳定而独特的心理行为模式（郑雪，2007）。人格包含了外在表现和内在特性，其形成是与后天环境的相互作用密不可分的。在社会大生产背景下，随着行业分工的不断细化，人格与职业的关系也变得更加密切。一方面，人格是存在于个体心理中的一种复杂的心理特征和综合品质，它不能被直接看到，却表现为在不同情境中相对稳定、一致的行为模式；另一方面，职业是人们利用专门知识和技能，参与创造物质或精神财富的社会分工，并获取合理报酬，满足自身物质生活和精神需求的具有一定特征的社会工作类别（宋剑洋，2013）。职业的产生是社会生产水平不断提高、社会分工日益细化的体现，在这个过程中，伴随着劳动的多样化、逐渐形成了不同的职业类型，不同的职业在发展中也形成了一些蕴含在行业内部个体身上的共同人格特质。而职业人格就是个体适应职业需要而不断形成的、稳定的态度和与之相适应的行为方式的结合。职业人格并不是与生俱来的，一个人具备的职业人格是其在生活环境、受教育过程，以及实践活动中不断形成的。良好的职业人格一旦形成，往往能使个体在职业活动中更投入自己的工作，更愿意花费时间和精力不断改进技术、提高技能，追求更好的产品品质或服务品质，并能在工作过程中产生愉快的体验。特殊教育是一项崇高而又复杂的职业，特殊教育专业人才的培养过程是学习者通过学习训练，习得专门知识技能，实施专业自主，表现专业道德并逐步提高自身素质的过程（教育部师范教育司，2003）。这个过程对于特殊教育未来教师掌握专业知识和技能至关重要，更为重要的是会对未来教师建立什么样的职业观念、是否能形成职业认同感、是否能对未来职业建立职业效能感都产生影响。

（2）特殊教育专业职业人格课程的内容。基于本研究的结论，笔者认为开设特殊教育专业的高等院校在课程设置中要安排有关职业人格培养的课程。课程的核心内容，即职业人格的核心品质，已在前文中列出——事业心、效能感、自控力、同情心、进取心、平和心境和奉献精神，具体含义前文已经详细说明，此处不再赘述。研究表明人格不是一个人生下来就有的，而是在先天的生物遗传素质的基础上，通过与后天环境相互作用而形成的。因此，后天的社会环境与教育对一个人的人格形成也起着十分重要的作用。特殊教育专业的学生如何在本科或研究生学习期间，进一步在人格方面得到培育，这不是一个简单的课程设置问题，而是如何全方位设计课程并系统实施的过程。本书认为，在课程的设置上，不能单独将这些职业人格特质作为教学内容来教学生，而是要将这些内容有意识地渗透在专业课程和技能学习的过程中，让学生在学习特殊教育历史、特殊儿童的心理特点、开展项目研究、进行实习的过程中，将这些职业人格的特质融合进去，让学生在学习中感受特殊教育工作的特殊性，感受特殊教育工作中面临的挑战，体会特殊教育带来的社会价值，磨炼个人的品质，让学生尽可能凸显和发展自己与特殊教育工作相匹配的人格。同时，教师要根据每个学生的人格特点有意识地安排学习任务，组织参加各种活动，帮助学生塑造自我，形成与特殊教育职业相匹配的职业人格。在课程的设置中，我们既要注重显性课程的安排，也要重视会潜移默化影响学生职业人格养成的校园文化建设。特殊教育专业在很多院校相对而言都是小专业，往往不受重视，但要塑造好特殊教育教师的专业人格，必须要注重学校（学院）文化建设，学校的领导要有大育人观，为特殊教育专业的学生设计校园（学院）环境，营造良好的人文氛围，这不仅有利于特殊教育专业学生的职业人格塑造，同样也有利于其他专业学生的发展。

（3）课程实施。如何做到所需要的职业人格特质贯穿所有的课程并在实施中兼顾每个学生？如果仅仅从学校层面和老师层面上来做这项工作难度会比较大，而且效果不一定理想，更好的方式应该是让学生参与到课程的设置和实施中，让学生成为自己人格塑造的设置者、参与者和收获者。我们要将招生和专业学习期间的人格监测与课程设计和教学结合起来，让学生和老师共同来开发课程，让课程变得更加动态，让课程更具有针对性。这样，特殊教育专业的职业人格内容才可能真正变成学生成长和努力的方向，也才可能成为学生发展中的营养必需品。学校层面还可以主动为特殊教育专业学生的成长搭建专业平台，加大人文课程的比重，邀请在基础教育领域做出突出成绩的优秀教师做报告，与学生互动，让特殊教育专业的学生在学习生活中获得熏陶，人格得到完善。

第9章　特殊教育教师的选拔

　　教师对于学校而言是所有要素中最关键的要素，建设高素质的教师队伍是学校长远发展的基本保证，建立良好的招聘制度、严把教师入口关才能为高水平教师队伍的建设提供源源不断的动力（郭号林，2015）。所谓教师招聘是学校管理人员针对教育工作的需要，对教育工作的内容和范畴加以审度，确定所需教师的岗位，再经过公平公正的平台将教师招聘信息对外发布，通过严格的测试甄选和面试，全面考察应聘求职教师，最终将符合要求的教师编入学校（庞松男，2015）。考察我国教师录用政策，我们会发现，其实中国的教师招聘是进入21世纪以后才建立起来的制度。新中国成立后我国采用了苏联模式，实行"独立设置、定向培养"的制度，各级各类师范院校独立设置并专门招收各类师范生进行定向专业培养。1985年颁发的《中共中央关于教育体制改革的决定》指出，"师范生要坚持为初等和中等教育服务的办学思想，毕业生都分配到学校任教，其他高等学校也应有一部分分配到学校任教"。这是对"独立设置、定向培养"制度的延伸，在当时的历史条件下，这一制度逐渐发展并形成了庞大且完善的体系，"计划统招统分"的制度就在这一时期形成。20世纪90年代后，由于中小学教师队伍的建设重心逐步从量的补充向质的提升转移，原有的教师教育体系对新的社会变革反应迟钝的问题开始凸显。1999年教育部印发的《关于师范院校布局结构调整的几点意见》提出"我国要坚持独立设置师范院校制度，同时进一步拓宽中小学教师的来源渠道，鼓励一批高水平综合性大学参与培养中小学教师。"自此，我国单一培养、计划统招统分的教师补员录用政策开始破冰（李崇爱，2016）。2002年国务院颁发《国务院办公厅转发人事部关于在事业单位试行人员聘用制度意见的通知》，要求"事业单位凡出现空缺岗位，除单位确实需要使用其他方法选拔人员外，都要试行公开招聘。"2010年，中共中央、国务院发布《国家中长期教育改革和发展规划纲要（2010—2020年）》，提出"完善并试行严格教师准入制度，严把教师入口关……县级教育行政部门按规定履行中小学教师的招聘录用、职务（职称）评聘、培养培训和考核等管理职能。"自此，中小学教师公开招聘政策逐渐形成。作为教师人事管理体制的一项重大变革，教师录用完成了由"统招统分"到公开招聘，这对于教师队伍建设的意义不言而喻。

教师公开招聘是中小学教师培养由职业定向到职业发展的必然，是基于我国基础教育现实的必然选择，是我国依法治教的必然要求（李崇爱，2016）。特殊教育作为教育体系的组成部分，在教师录用方面并无特殊的政策。笔者以"特殊教育学校＋招聘""特殊教育教师＋招聘（选拔）"在知网中检索，均无任何文献对此问题进行专门研究。虽然这样的结果看起来让人不免觉得有些遗憾，但从特殊教育发展的角度来看，也在情理之中。相较于普通教育，我国特殊教育的发展长期处于"跟随"状态，很多教育革新都是在普通教育开展一段时间之后才开展的。正如前文所述，教师招聘对于学校发展和管理而言具有重要意义，未来随着国家整体经济实力、社会文明程度的提高，特殊教育的发展也将从"跟随"状态逐渐向"自主"转变，特殊学校所承担的责任也将由"接纳"特殊儿童、提供教育机会，转变为提升教育质量。由于特殊儿童存在不同类别、不同程度的身心发展障碍，教育质量的提升要显现为教育成效，往往需要比较长的周期，这就要求教师坚持不懈地努力，而且必须要以团队合作的方式完成工作任务。基于特殊教育学校发展的趋势，甄选适合特殊教育工作的教师进入队伍，不仅有助于节约管理成本、提高工作效率，根据霍兰德的人职匹配理论，适合特殊教育的教师还会有更高的职业认同感、职业效能感、工作效率和更多的工作成就感，因而也就会降低职业倦怠感，降低心理问题发生的概率，减少伤害特殊儿童的事件发生，因此，这也是特殊教育作为文明窗口的需要。目前，特殊教育教师的招聘基本上包含四个环节：定编定岗、发布招聘信息、测试甄选和职前培训。根据这一流程，在公开公平公正的原则下，很多特殊教育和非特殊教育专业的大学毕业生正在陆续进入特殊教育的教师队伍。由于国家正式大面积开展教师选聘的时间并不是很长，加之我国特殊教育发展水平的不均衡，实际上所谓的"选聘"大多在经济比较发达的地区才能真正实现，而经济欠发达的地方还依然大量存在靠关系进入、地方教育行政部门安置特殊人员的情形。从未来特殊教育发展着眼，基于本研究的相关结论，特殊教育学校教师的招聘（选拔）该如何改革需要深入思考。

9.1　基层特殊教育学校（机构）人员选拔中的困境

按照目前我国特殊教育发展的布局，要求 30 万以上人口的县（区）、镇要建一所特殊教育学校,截至2018年底,我国特殊教育数量达到2 512所,绝大部分县（区）都建立了特殊教育学校。随着特殊教育学校数量的快速增长,特殊教育教师的人数也不断增加,各地教育行政部门也越来越重视特殊教育学校教师的选聘,但也存在两极分化的情况,经济相对发达的地方在招聘的编制数、招聘的流程方面都会有一些特殊的倾斜,但也有的地区在教师定编、招聘的流程上一刀切,甚至会优先普教招聘,有特殊教育学校的编制被分配给普通学校的情况。基于上述情况,我们认为特殊教育学校（机构）在教师招聘（选拔）方面存在一些问题,这些困境的存在有历史原因,但也有很多是观念问题和法规政策缺位导致的。

困境一：对招聘什么样的教师缺乏清晰的认识。在研究过程中,笔者寻访过很多校长,关于教师招聘,大家首先会提到的问题是不知道该招什么样的人回来才是合适的。本研究分析,一线的校长们之所以有这样的困惑,有三个原因。一是特殊教育学校的校长们对学校的发展普遍缺乏长远的规划,教师的层次、结构类别是服务于学校发展的需要的,没有长远规划,自然也就无法确定需要招聘的特殊教育教师的类别和规格。特殊教育学校并不缺规划,但缺乏战略性规划,造成这种局面,一方面是政策原因,一般而言,特殊学校的校长聘期是两届,各地不同,最长两届也是10年,因为任期有限,很多校长的规划也只是跟着任期走；另一方面的原因是很多特教学校的校长是从普通教育学校调任的,即使是长期从事特殊教育的也大多存在着学术背景的限制,很多校长很难从战略上分析特殊教育发展的趋势,对特殊教育发展条件的把控也存在困难,这也会导致其无法做出战略规划。二是特殊教育专业化的水平限制了基层学校招聘中"适合"的教师的认识。职业的产生是社会分工的结果,每个职业的专业化都有一个发展和认识的过程。特殊教育的专业化仍在进程中,对于很多基层的校长和教师而言，专业化不过是一个学术名词。特殊教育未来的发展趋势是什么、特殊教育工作者需要具备什么样的素质，这些对于一线的校长们而言并不是简单的问题。在访谈中笔者也了解到，很多校长工作的中心并不是推动学校的专业化发展，而是解决很多现实的矛盾、处理各种突发的问题，这些矛盾和问题大多涉及权利和机会，学校管理制度的不完善也是问题出现的原因。事实上，特殊教育学校最主要的矛盾是学校的专业化水平不能满足日益增长的学生发展需求，解决这一矛盾的核心就是不断优化教师队伍结构，提升教师队伍专业水平，但遗憾的是，基层特殊教育学校的管理团队在专业方面还需要更多的支持，因此也就无法对人才的规格做出科学的分析和设定。当然，为了解决这个问题，国家在教师准入方面做了很多工作，出台了《特殊教育教师专业标准（试行）》，为特殊教育教师的"入口"设定了最低标准，但如何将标准转化为可操作的方案目前仍是亟待解决的问题。第三，学术研究的缺位也是导致基层学校招聘中无法确定招聘教师的规格的原因。什么样人适合做特殊教育教师？什么样的人会成为优秀的特殊教育教师？这是一线特殊教育学校的现实问题，但一线学校解决这一问题的方法就是依靠经验，校长们在不断的招聘、不断的工作评价中会逐渐形成一些经验做法，这些做法会有助于学校找到适合的人，但这些做法有两个弊端：一是经验获得的周期比较长，二是经验可靠性低，变换情境后，经验往往就不适用了。要解决这个问题，本研究认为高校的科研人员应该发挥专业的作用，通过大量数据的收集、分析来描绘适合特殊教育工作教师的特征，找出优秀教师的品质，总结优秀教师成长的规律，同时，将这些研究成果转化为具体的操作方案，如教师职业人格量表、教师胜任力量表、教师面试方案等。这样，一线的特殊教育学校就可以获得专业支持和指导，就能更加地清晰描绘出需要的特殊教育教师的规格。

困境二：缺乏针对特殊教育的制度支持，想要的人招不进来。特殊教育之所以特殊，表面的原因是对象特殊，实际上，特殊教育的特殊是因为工作的目标、过程和方法特殊。特殊教育工作的特殊性在教育界似乎是共识，但在具体的工作中笔者却发现，普通教育的同行、教育行政领导，甚至部分特殊教育工作者自身都缺乏理性、客观、科学的认识。反映在教师的招聘中就是特殊教育教师的招聘工作与普通教育一刀切，一套标准，一套方案，一样的流程，这导致了很多校长反映的一个严重的问题——看中的人招聘不进来，认为不适合的人却可以通过招聘的规则顺利应聘成功，这让很多校长无奈但又无计可施。政策上的一刀切导致特殊教育学校无法从自身工作的特殊性出发来招聘到合适的人，这种尴尬虽然无奈，但毕竟还能以公平的理由来化解。还有一种情况普遍存在，而且是校长们最苦恼的，在很多地区，特殊教育学校的发展并未受到应有的重视，特殊学校的存在只是为了完成指标，或者只是为了应付参观、检查，很多领导甚至觉得特殊学校跟福利院的性质是一样的，就是看管好特殊学生，只要不出安全问题就可以了，所以，学校也就自然而然地成了安排各种"老弱病残"的教师的地方，一些"刺头"教师、身体长期处于生病状态的教师、快退休的教师，甚至还有一些是有关系的教师都被安排到特殊学校，这让特殊学校的校长们很无奈。

困境三：不知道如何选到合适的人。客观地讲，虽然特殊教育学校在招聘中面临上述的困境，但也不乏很多经济发达的地区，甚至内地的一些学校在专业发展方面取得了可喜的成绩，甚至在专业化的发展道路上有突破性的进展。这些地区的特殊教育学校非常重视教师队伍的建设，在教师招聘方面无论是争取政策，还是人才规划都做了大量的工作。但笔者在访谈中了解到，这些特殊教育比较发达的地区，在教师的招聘中依然存在着问题，最突出的就是如何选到合适的人。从人事招聘的角度来看，人事测评是一项非常专业的工作。对于特殊教育学校而言，要选到合适的人进入学校，就必须要有一整套选拔性测评的方案。在这套方案中，考察应聘者是否满足岗位的需要是最关键的环节，但"需要"是什么却是特殊教育学校招聘中看似最清楚但实际上最难的环节。根据有关胜任力研究的成果，提出了区分普通老师和优秀老师的品质，这些对于选聘特殊教育教师具有指导意义。但考虑到特殊教育教师工作的特殊性，职业人格这一对未来工作绩效和负面问题具有更好预测性的维度在特殊教育教师的招聘中显得更加重要。因此，要招聘到"合适"的人，一定要将"职业人格"作为特殊教育教师招聘的基本指标，并将其具体化为可测评的量表或考核工具。要招到合适的人进入特殊教育教师队伍，还需要引进人才测评的技术，采用全方位、多角度的考核形式。

以上是基层特殊教育学校在教师招聘中遇到的困境，客观地看，很多问题是历史性的原因，也是阶段性的，随着特殊教育的不断发展会逐步得到解决或缓解。但一线特殊教育学校教师招聘中存在的问题却折射出整个特殊教育专业化发展中存在的问题，最突出的就是专业化的观念还并未成为学界和业界的普遍共识，专业化的水平亟须强力提升。国家对特殊教育的政策如何具体化为可操作的方案、如何在执行法规和政策的过程中杜绝地方行政部门的不作为和乱作为，都是特殊教育良性发展的基本保障。

9.2　特殊教育教师招聘的基本原则

从选聘教师的实质上来讲，特殊教育教师的招聘与普通教育教师的招聘本没有区别，都是要甄选合适的人进入教师队伍，不断促进教育的发展和教育质量的提升。但由于特殊教育对象的特殊性，特殊教育过程和方法上与普通教育之间还是存在很大的差异，这就对身处其中的特殊教育教师提出了不同于普通教育教师的要求，特殊教育教师如何面对不能"桃李遍天下"的现实、如何面对管理学生的高压力、如何面对教育学生时的高情感付出和低情感回报、如何面对教育精神发育迟滞的学生时语言交流的贫乏……这些都是需要特殊教育教师来回答的。特殊教育教师的招聘不能简单照搬普通教育教师的招聘流程和方法，应该充分考虑特殊教育职业的特殊性，因此，基于本研究，在招聘时，笔者认为应把握以下三个原则。

（1）开放性原则。所谓开放性原则就是要在特殊教育教师的招聘中尽可能向社会、向考生全面准确地介绍特殊教育职业的特殊性，让应聘者清楚将要面对的工作性质、工作内容、工作难度。之所以在特殊教育的招聘中要确立开放性的原则，是因为社会和应聘者对特殊教育不甚了解，甚至存在认识误区，相对而言，只要接受过正规教育，对于普通教育，人们普遍是比较了解的。在招聘中，要做到开放性原则，首先，作为教育行政部门要有开放的观念，要消除对特殊教育的偏见，要将特殊教育的发展放到和普通教育同等的地位上；其次，基层学校的管理人员要摒弃人道主义为主要理论基础的特殊教育观，从专业的角度来看待特殊教育，从专业角度来思考教师队伍的建设，就可以做到客观、理性、科学地思考特殊教育工作，心态也会更加开放。

（2）系统性原则。所谓系统性原则就是在特殊教育的招聘过程注重每个环节之间的关联，要让所有的工作都服从于招聘适合的特殊教育教师这个目标。系统性原则的另一层含义就是招聘方案不仅要注重学校内部的观念和行动一致，还要注意协调教育行政部门和学校之间、学校和社会之间、学校和应聘者之间的关系，要让招聘工作处于一种统一的目标和行动中，不仅可以在招聘中考察到应聘者的外在能力，还能测评到其隐藏在内的人格特质。另外，系统性原则还有一层含义就是在考察的内容安排中，虽然会有很多模块，也会有重要性的差异，但都应该是一个完整的体系，而最重要的应该是职业人格特质。

（3）持续性原则。所谓持续性原则就是在招聘过程中，既要注重集中考察的结果，又要考察应聘者的工作经历，并在入职初期继续考察。这一原则其实就是要让招聘单位能有机会考核应聘者的潜在素质，特别是职业人格。人格是个体与社会互动的过程中逐渐建构起来的心理行为模式，是一个个心理特征和行为方式互相联系而形成的有着一定组织和层次结构的模式，要在招聘中考察到个体的人格体制，需要运用专业的测评工具，但若能将个体放置在正式的生活和工作情境中进行观察，会得到更客观的评价。另外，持续性原则还有一层含义就是招聘工作虽然每年一次或若干次，但特殊教育学校在组织招聘的时候，既要让招聘工作有所改进，也要注重持续性，每年的考核要求、考核方案应该相对透明、公开、固定。教师招聘考试组织作为一个相互协作的体系，应有固定的人员构成，建立明确的规章制度与标准，形成一个更有效的团体，发挥整体的优势，发挥应聘考试的最佳效用，以有效地甄选出适合的特殊教育教师（徐建星，2019）。

9.3　基层特殊教育学校教师选拔的流程

针对我国特殊教育教师招聘中存在的问题，以及确立的基本原则，我们必须要制订出可行且科学的解决方案，全面、系统地提升基层特殊教育学校教师招聘的效率和效益，为特殊教育教师队伍的建设提供有力的支持。

（1）要在学校专业发展规划的基础上制订人才队伍建设的规划。在制订人才队伍建设规划的时候，我们要充分考虑内外环境和宏观的人力资源规划，并以此对工作岗位做出准确的定位分析。在制订人才规划的时候，要注意避免盲目跟风追求高学历，要审度学校对教师岗位的需求。基于特殊教育工作本身的特点和学校的实际，对教师队伍建设的数量、质量、规格，以及推进的时间表都做出明确的规划。

（2）制订完备的考核方案。考核方案主要应在定编定岗、发布招聘信息、测试甄选、职前培训四个环节的基础上，进一步细化方案，让方案更具有可操作性，具体可以制订如下环节。①确定工作岗位名称和数量。这项工作一方面要考虑学校整体的人才建设规划，另一方面，也要考虑学校因教师流动和学生类别变化等带来的需求。②工作分析。工作分析是人力资源管理的一项基础性工作，也是正式招聘前非常重要的工作，是指采用科学的手段与技术，对每个职务同类职位工作的结构因素及其相互关系，进行分解、比较与综合，确定该职务职位工作的要素特点、性质与要求的过程。特殊学校在招聘教师时，首先要对工作岗位进行全面的分析，确定招聘和选拔的标准，从而确定不同岗位的任职资格。③确定教师招聘中的维度。教师招聘过程中要用到测评的技术，而制订测评计划就要确定核心能力、职业人格特质等测评维度，确定详尽的测评方法、测评工具。这项工作需要学校人事部门和业务部门合作完成，要综合各方面的要求，制订出理论合理、具有可操作性的方案，进而选择恰当的测评工具对这些维度进行测评。④有效的组合测评方法。要提高测评的有效性，在实际操作中就要选择多种测评方式进行组合使用。在使用测评技术时，首先要确定测评的目标，明确测评重点，在平衡质量、时间和经费关系的基础上设计人才测评方法的组织方式，并且要注意实施的顺序性（张义群，2015）。像笔试这样相对比较简单、成本也比较低的方式可以放在前面，而可能会对其他测评产生影响或者容易产生疲劳的测评方法放在后面。⑤制订规范的测评流程。规范化测评的程序不仅可以提高招聘过程的公平性、公正性，还可以提高测评结果的一致性和准确性。要提高测评的规范性，就要制订严格的测评操作规范，并制订相应的实施细则，并要求所有参与招聘特别是参与测评的人员都必须要严格按规范和细则进行测评。为了提高测评的效率和准确性，还应该尽量将测评的环节程序化，并增加量化的标准，提高测评的科学性。⑥组建专业的测评小组。测评的方案是否能执行到位取决于参加测评的人员素质。对于担任测评工作的人员要有一定的资格限定，必须要从道德、业务等方面进行评估后才能担任。测评小组的人员构成要注意多元化，不仅要有特殊学校的管理人员，还要有人力资源专业的人员、特殊教育的科研人员。对于测评小组的人员，在每次测评前，还应该进行专门的培训，做到更加科学、客观地对应聘人员进行测评。⑦做好新晋教师的职业规划。很多学校在教师招聘工作中，以为完成了入编手续就完成了招聘工作，实际上，从人力资源管理的角度来看，这忽视了招聘后总结、积累经验的工作。其实招聘后及时对新晋的特殊教育教师做好职业生涯规划，有助于新教师获得明确的定位，也有助于激励新教师形成高度组织的教师团队。⑧对新教师进行适时的管理培训。经过前期的规划，招聘的实施，理论上招聘到的新教师都是适合特殊教育工作的，与特殊教育职业有较高的"人职匹配"度，但我们也不能因此而忽略特殊教育教师的管理培训，通过培训可以引导新教师适应新环境，减少不必要的焦虑，增加工作的预见性，有助于新教师不断优化职业人格，提升工作的实际能力。

除了上面列出的8个流程，在特殊教育教师的招聘工作中，我们还要注意两点，一是要注重心理测验的应用。特殊儿童相比于普通儿童，由于身心发展存在缺陷或障碍，在心理发展方面比较滞后或存在一定的心理问题，还有的特殊学生，特别是精神发育迟缓的特殊学生，自我意识的发展水平比较低，安全保护的意识比较弱，特殊教育教师作为学生最常接触和最容易模仿的对象，如果存在心理问题，将会对特殊学生的身心健康产生巨大的影响，也会让学校的管理存在很大的风险，这就需我们从源头上解决问题。而心理测验在本质上是对行为样本客观的标准化的测定，在特殊教育教师的招聘中，加大对心理测验的运用、严把心理健康关、淘汰心理素质存在问题的应聘者，对于建设和优化特殊教育教师队伍具有重要的意义。二是在招聘后要注意制度的完善。很多学校招聘完教师后，招聘工作也就停止了，事实上，特殊教育教师的招聘不同于普通教育，教育对象、教育程度的差别，家长素质层次的差别，地区文化的差异都会影响教师的工作。我们在招聘教师的时候，要注意在教师进入学校教师队伍后，及时对教师队伍人才库进行评估，反思招聘过程中积累的经验和教训。

第10章　特殊教育学校治理

　　教师的职业人格倾向和发展水平对教师专业成就的获得影响巨大。教师的职业生涯会塑造教师的职业人格，职业人格也会影响并促进教师的专业发展，提升成就感。国外关于教师素质的研究也表明，教师在完成教育教学任务时，需要专业的知识和技能作为支撑，但一旦超过临界水平，教师的智力水平和能力对于教育成就的影响就不是最显著的因素了。有研究表明，事实上，从根本上影响教师成就的因素是教师的人格，教师的作风、态度、信心、责任心、奉献精神及心态等对学生的人格成长、心理发展和学业成绩具有重要的影响。对于教师职业人格的研究，本研究始终强调两点，一是教师职业人格是基于个体的人格在教师职业生涯中塑造和表现出来的人格特征；二是教师的职业人格是可以在教师职业生涯中不断塑造和完善的。基于这样的认识，本研究认为虽然经过招聘的环节，已经将职业人格作为特殊教育教师选拔的基本维度，可以确保在"入口处"将适合特殊教育的应聘者甄选出来，成为特殊教育教师。这对于教师队伍的整体建设来说，不仅快捷、高效，对教师个体的发展来说也是主要途径。但我们必须承认，个体的人格虽然在成人后会相对稳定，但时代在发展，工作的环境在变化，特殊教育教师的人格如何完善，如何更好地适应新的工作要求，都需要在其成长的过程中不断进行培育。对于特殊教育教师而言，进入特殊教育学校，开始成为一名特殊教育教师时就置身于人格锤炼和塑造的密集教育场景中，而学校的管理对于特殊教育教师的成长就具有重要的影响。

学校管理是学校管理者通过一定的机构和制度，采用一定的手段和方法，带领和引导师生员工，充分利用校内外的资源和条件，有效实现学校工作目标的组织活动（张济正，2002）。现代学校管理强调以人为中心，意味着一切管理工作都以人为出发点和归宿，体现尊重人、依靠人、发展人和为了人的指导思想。而追求理想的学校管理目标，最重要的一点就是要有一流的校长和教师队伍。一流的教师队伍要靠管理，从教师纵向管理来看，教师管理实际上是一个系统，它包括了教师的"入口"管理、使用管理、"出口"管理和开发管理四个环节。前文主要探讨了"入口"管理，下面重点探讨特殊教育学校"使用管理"中如何通过制度建设、文化建设、机制建设来培育教师的职业人格。

10.1　特殊教育学校的制度建设

制度，是一个汉语词语，出自《易·节》："天地节，而四时成。节以制度，不伤财，不害民。"其含义有：（1）在一定历史条件下形成的法令、礼俗等规范；（2）制定法规；（3）规定；（4）指规定品级的服饰；（5）制作；（6）制作方法；（7）规模、样式；（8）规制形状；（9）指一定的规格或法令礼俗（百度）。用社会科学的角度来理解，制度泛指以规则或运作模式，规范个体行动的一种社会结构。制度是一种人们有目的地建构的存在物。制度的建构，都会有价值判断在里面，从而规范、影响制度内人们的行为。

学校制度（百度百科）是指能够适应向知识社会转轨及知识社会形成以后的社会发展需要，以完善的学校法人制度和新型的政校关系为基础，以教育观为指导，学校依法民主、自主管理，能够促进学生、教职工、学校、学校所在社区的协调和可持续发展的一套完整的制度体系。构建一整套学校制度，学校能依法自主办学，实行民主参与、科学管理、社会监督的重要制度，可以激发学校的办学活力，对促进学校内部及学校与社会和谐发展有着重大意义。学校的管理制度具有三种功能，一是指导功能。就是需要把那些具有前瞻性、引领性的教育教学思想和理念的"软性制度"注入"硬性制度"里面，使硬性的制度具有"思想的光芒"，具有"理性的价值"。二是服务功能。从管理的本质意义上来讲，管理就是服务，学校的制度管理尤其如此。学校作为教育场所，各种制度更应该体现"人本性""人文性"和"亲和性"。三是规范功能。学校制度中的"规范"包括两层意思，一是制度的规范，二是规范的制度。所谓"制度的规范"，就是说，学校的各项制度要"健全"；所谓"规范的制度"，就是说，各种制度建立健全以后，还要做到"规范"。

从上述制度的含义及其功能可以看出，学校制度对于身处其中的教师行为会起到"制约"的作用，同时，也会因为学校的制度而促进其发展，提高其素质。好的制度会让并不优秀的教师胜任自己的工作，不好的制度也会让优秀的老师干不成事。因此，建设一整套好的学校制度对于学校的发展至关重要，对于建设教师队伍意义重大。从教师队伍建设的角度来看，我们的制度必须要"以人为中心"，要着眼教师的长远发展，要着眼教师的素质提升，特别是要不断塑造和完善教师的职业人格，让社会的期待和教育的要求转化为教师的内在心理行为模式，要将制度作为教师发展的基本保障，只有这样，制度才能发挥其作用。

本研究显示，特殊教育教师的职业人格结构包含 7 个维度。这些维度揭示了适合特殊教育工作的教师应该具备的基本人格特质，也为学校的教师管理制度明确了目标。

10.1.1 特殊教育学校制度设计原则

通常情况下，特殊教育学校在制订和完善制度的过程中，重心会放在教育教学改革上，但实际上我们会发现，学校发展的关键其实在于人，只要解决好教师的观念问题，其他问题都好解决。基于本研究的结论，笔者认为特殊教育学校在制订和完善制度的过程中应该遵循以下三个原则。

（1）整体性原则。正如我们在进行教学时候强调的，教学活动之间要具有相关和递进的关系，要围绕教育目标组织学生学习。学校制度要发挥对教师的影响就应该整体考虑。所谓整体性原则，就是制度设计的时候要将职业人格当作一个组织结构来看待，制度的安排要有利于这个结构中的每个维度，但同时又要在制度之间形成关联。比如，我们在设计教学制度、管理制度的时候激励教师针对特殊学生的问题行为进行研究，大胆尝试，要学会与学生"打持久战"，但又要注意学生的安全，面对学生的问题保持自控力，面对学生问题长时间不能得到改善的情况保持心态平和。在制订安全管理制度的时候，要求教师将学生安全放在第一位，在确保安全的前提下开展教学，面对学生的安全问题，要坚持管理和教育相结合的原则，既要以平和的心态来看待学生的问题，又要想办法解决问题。这样的制度虽然属于两个维度，却是一个整体，会让教师在执行制度的过程中感觉学校的要求是统一的。

（2）稳定性原则。心理学研究表明，人格具有跨时间的持续性和跨情境的一致性，人格的形成是一个个体与社会环境交互的结果，一旦形成，就不会轻易改变，要想发展和完善，就要有相对稳定的环境来予以支持，需要更多的时间。在特殊教育学校，特别是在以精神发育障碍学生为教育对象的学校里，教师们对学生的学习体会颇深的就是需要花费很多的时间，这些时间大多是用来增加对学生刺激的量和强度的。这个道理同样适用于特殊教育教师的职业人格培育。所谓稳定性原则，就是特殊学校所有的制度设计和安排要将学校工作的主要目标和原则确立下来，所有制度要围绕核心目标和原则来制订，并保持制度的稳定性。本研究发现在特殊教育教师的职业人格结构中，事业心的水平整体较高，而奉献精神的整体水平相对较低，但在特殊教育的实践中我们发现，做好特殊教育工作需要强烈的奉献精神。这种人格特点的培养，既需要通过不断提升教师的职业价值感来提升内在的意识，也需要通过外部的奖惩系统来激励具有奉献精神的教师。事实上，奉献精神的形成需要长期的环境影响，而特殊教育学校在制订制度的时候，唯有让评价制度具有稳定性和一致性，才能让老师深刻体验到奉献的内涵和价值，日积月累，就会形成和优化奉献精神。

（3）个性化原则。特殊教育工作的一个重要特点就是差异化教学，要针对特殊儿童的差异开展教学，才能给予每个特殊孩子适合的教育。差异化教学既是特殊教育的特点，也是特殊教育工作相比于普通教育而言的难点。特殊教育工作中面对的学生之间存在个体间的差异，学生个体内部的发展又很不平衡，这些都会给特殊教育教师的工作带来难度，也会让他们在工作中形成很多不同的感受。所谓个性化的原则，不是要我们的制度针对每个教师的发展来量身定做，而是指要尊重特殊教育教师工作中的独特感受，尊重他们工作的差异。从前文的论述，我们明晰了在招聘工作中，要基于职业人格来选拔，所以，理论上进入特殊教育学校工作的教师在职业人格上与特殊教育工作之间有较高的匹配度。根据心理学研究，人格是赋予个体一定色彩的东西，是将一个人同周围其他人区分开来的标志，因为影响人格形成和发展的诸因素不可能相同，这也就决定了每个人都是独特的个体（陈少华，2004）。虽然特殊教育教师与职业相匹配的人格特质具有共性，但教师之间会有个性特点差异，专业成长的速度和水平也会有不同。比如，有的老师自控力非常好，心境也很平和，但效能感相对较低，有的老师事业心很强，具有奉献精神，但相对而言自控力比较弱，心境不够平和。这就要求学校在设计评价制度的时候使评价指标的维度更多、评价的手段更丰富。在日常的教学安排中，也要考虑教师的人格差异，在岗位安排、工作要求的设置上都要采取不同的要求。要做到个性化原则，在实际中对制度的制订者和操作者而言都会有一定的难度，但我们只要把握好整体性原则和稳定性原则，学校的制度就会随着学校的发展逐渐形成前后连贯的体系，教师就会逐渐学习并适应这些制度。另外，关照特殊教育教师的个性化发展，是特殊教育工作特殊性决定的内在需要，相比于普通教育，这一点尤为重要，因此，学校领导在意识上一定要有清醒的认识。

10.1.2　特殊教育学校制度设计举例

特殊教育教师与普通教育教师相比有着其特殊的劳动特点和心理特点，在制订制度的时候既要考虑培育其职业人格的目标，又要考虑特殊教育学校的工作实际和教师的特点。在特殊教育学校的管理中，需要制订的制度类别繁多，数量众多，无法一一列举，加之每个学校的校情不同，制度的设计上也会有差别。因此，本书就基于研究结论，举例说明如何贯彻制度设计的原则。

举例一：课堂教学评价制度——以广东S启智学校为例

教学工作是教师的主业，在特殊教育学校，课堂教学也是教育的主阵地。课堂教学评价在特殊教育学校，尤其是在培智学校中是一个难点，难的原因是学生差异大、教学难度大、教学过程长，以及教学成效不显著。对教师的工作如何评价，既是一个专业技术问题，也是一个导向问题。教学评价的内容和方式表面上看是技术问题，背后实际上反映的是学校的教育理念、学校对教师工作的期待。本书以广东某特殊学校的制度为例，主要是通过案例来讨论在特殊教育学校设计制度时如何培养特殊教育教师的职业人格。

S启智学校关于制订课堂评价标准的要求

课堂教学是贯彻课程大纲、实现教育目标的主要途径，课堂教学的质量关乎教育的质量和成败，课堂教学评价标准是课程理念落实到课堂教学的保证。

一、制订课堂评价标准的目的

1. 自我诊断——帮助教师判断自己的课哪里好、哪里不足，可以不断改进课程的设计和组织。

2. 通过教学评价，学校可以了解教师的教学水平，为学校制订教学工作计划和培训教师提供依据。

3. 确立各类课的教学标准，让教师有教学的准则，即让新教师知道应该怎么上课，让老教师知道该朝哪个方向努力。

二、编制课堂教学评价标准的原则

课堂评价标准的制订过程是一个总结课堂教学、确立标准的过程，也是一个共同商讨，确立发展方向的过程，为了保证评价标准的科学性、可操作性，特制订以下原则，保证教师在商讨评价标准时有据可依，具体原则如下。

1. 评价标准必须有助于引导和促使教师的教学行为越来越符合课程的理念。

2. 评价标准必须体现教和学的双边过程。

3. 评价标准必须体现该领域教学的特点。

4. 课堂评价标准必须具有开放性，一方面要在评价指标上有范围，另一方面，对于评价结果不足的地方要给出反馈。

5. 标准必须体现该领域教师教学的平均水平（即理论上评价结果中，90%的教师都可以达到基本水平（60分及以上），30%左右的教师可以达到优秀（80分及以上）。

6. 评价标准必须有量标和质标，即评价标准上既有定性的标准，又有定量的标准。

7. 评价标准必须具有较强的操作性，评价结果具有可信度。

8. 可发展性：要充分考虑教师教学相长的规律，引导教师不断改进教学，提升专业水平。

9. 有一定的灵活性：在标准的评量基础上，因教育教学的特性，有一定的弹性。

通常我们看到的比较多的是课堂教学的评价表，但很少看到课堂教学评价表背后的设计思路和原则。制度本身就体现了学校管理者对教师成长和发展的思考。特殊学校教师根本的任务也是教书育人，与普通各学校相比，区别是教的"书"不一样，育人的标准也不一样，但职责是一样的。学校在引导教师完成教育教学任务的同时，应如何促进教师的发展，让每个教师成为更好的教师呢？

在这份"制订课堂评价标准的要求"文件中我们可以看出，学校管理者在设计制度目标时，不仅是要促进教学任务的完成，同时还注重了教师素质的提升。例如，关于制订评价标准的目的，列举了三点，其中第一点"自我诊断"是为了促使教师自我反思，这对于提升教师的效能感具有重要作用，而这是本研究发现的特殊教育职业人格中非常重要的一个维度。第二点"为学校指定教学工作计划和培训教师提供依据"，着眼点是评判教师的能力水平，为提供后续支持寻找依据，根据这一目的以及后续工作的落实，可以预见该校的教师将会在课堂教学中表现得更真实，也会更加主动，这对于职业人格结构中的"进取心"将会有积极的促进作用，同时也有助于提高教师的"效能感"。第三点"确立教学标准让教师有教学的准则"，与第一点有相同之处但又有区别，这一点更重要的是要建立明确的行动标准，在制度设计和实施中达成这一目标，将有助于促进教师的"自控力""进取心""效能感"和"平和心境"，因为没有什么力量比信任的力量更能让一个人要求自己改进了。

再来看"编制课堂教学评价标准的原则"，里面列举了9点，选取其中3点来分析。第1点原则要求评价标准要有助于引导和促使教师的教学行为符合学校的课程理念，这一原则虽然强调的是对教学的要求，但实际上，该原则表达的是要引导和促使教师掌握课程理念。特殊教育教师在教学情境中面临许多困难，教学难度大，但学校以教学评价为载体来引导教师把握课程理念，这对于帮助教师提升"效能感"有很大的作用。课程本身就是一个动态的过程，特殊教育教师在教学中如何把握课程的要求、如何实施课程是一个探索的过程，这个过程也是一个不断建立和提升效能感的过程，而学校的引导对于教师来说至关重要。第5点要求标准必须体现教师的教学平均水平。这一原则的实施将会让更多教师获得更多的成就感，在看到自己不足的同时也能获得信心，这有助于教师更加投入工作，也就有助于提升教师的"效能感""进取心"，并促进教师有平和的心境，也有提高教师的"事业心"的作用。再看第9点，要求标准要有灵活性，这是对制度设计提出的动态要求，也就是说，要在评价表的设计中考虑不同的对象、不同的时期，在评价的维度和标准上会有所调整。这对于促进教师的"进取心"和"效能感"也会有积极的作用。

当然,制度设计背后的思考不等于制度本身,但通过对上述文本的分析,我们可以看到,学校管理者只要对教师的发展有明确的目标,就有可能在制度中予以体现。下面再来看根据上述制度设计的思路而制订的"教学评价表",如表10-1所示。

表10-1 S启智学校教学评价表(专业小组用)

授课者:_____ 授课时间:_____ 领域:_____
听课者:_____ 组别/班级:_____ 课题:_____

范畴	项目	评价标准	评价（分）			
			好	较好	一般	差
教学基本功	安全性(共4分)	教师应充分考虑和保证教学过程的安全性	4	3	2	1
	教学语言 (共4分)	教师教学语言为广州话,清晰准确,学生易懂	4	3	2	1
	精神面貌 (共4分)	教师上课时衣着适宜、状态积极	4	3	2	1
教学实施过程	教学目标 (共10分)	教师实施教学时,要有可执行、可检测的教学目标	10	8	6	4
	目标行为出现 (共20分)	教师实施教学时,要有一定策略保证目标行为出现	20	16	12	8
	练习 (共10分)	教师实施教学时,保证学生有一定的练习量	10	8	6	4
	强化 (共10分)	教师实施教学时,围绕期待行为进行强化,有具体强化措施	10	8	6	4
	全员参与 (共10分)	教师实施教学时,围绕期待行为进行强化,有具体强化措施	10	8	6	4
其他	(共4分)	1.学生出现问题行为时,教师能妥善处理 2.有助教的课堂,主助教分工明确、配合默契	4	3	2	1
各领域要求	(共24分)	详见校本课程标准	24	18	13	8
总评分数	优秀	良好	一般	差	实际得分:	
	90～100分	80～89分	60～79分	60分以下		
综合评价						

对两份文件进行对比分析，本研究认为后面的教学评价表基本上遵循了管理者制订评价表的思路和原则。这份评价表的维度有四个方面，分别是"教学基本功""教学实施过程""其他"和"各领域要求"。从确立的四个维度来看，管理者的意图很明显，重点关注的是教学的过程，占据了评价分数的60%，这个比例设定的意义在于学校看重的是教师在工作中的实际思考和行动，对于一线的教师来说，会减少外在的身份标签带来的影响，会让每个教师更专注于教学的实际。这不仅对新教师有利，对于老教师而言也有促进作用，按照这个评价表的导向，学校的教师们会将更多精力放在课堂教学的研究和自身能力的提升上，这在特殊教学中是非常必要的。因为学生的特殊性，教师们本身就缺乏成就感，又承受着巨大的压力，但如果教师们专注于教学和自身能力的提升，将会逐步提升教师的"事业心"，让大家更愿意投入工作，承担任务，也会更容易在工作中欣赏彼此，包容彼此，还会提升教师们的"效能感""进取心"和"平和心境"。再从评价的内容上来看，在"教学基本功"维度，评价表没有纠结于普通话、三笔字这些大家通常关注的基本能力，而是将安全性放在第一位，对语言的要求也是清晰准确即可，对精神面貌的要求是得体、积极，这些要求的导向是让每个教师在教学中清晰地感受自己的教育对象是特殊的，这会有助于提升教师的"奉献精神"和"同情心"。

综上所述，我们可以从S启智学校两份教学评价的相关文件中看到管理者在思考和制订制度时，不仅能着眼于基本的教学任务的完成和目标的实现，同时还关注到了教师的素质提升，特别是能让制度发挥作用，引导和帮助教师提升自己的人格水平。

举例二：课堂教学评价制度——以广东S启智学校为例。

下面我们来分析S启智学校的教师激励制度。相比于普通学校教师桃李遍天下的情况，特殊教育教师看到的更多的是孩子学习的艰难和发展的艰辛，从缓慢和点滴的进步中得到一些安慰，却很难和学生一起享受到成功的喜悦。每一位特殊教育的教师都需要以更加平和的心态正视理想和现实的距离。如何持续激发一线特殊教育教师的工作热情、如何维持和提升对工作的投入度、如何在工作中保持平和的心境，需要学校在制度设计中予以考虑。S启智学校在制订激励制度的时候，首先是一个总体的设计，之后才是具体的操作方案，因为涉及的制度比较多，我们只以总的制度框架、评价制度制订的原则和其中比较有代表性的教师专业发展成长阶梯制度来举例分析。

S启智学校教职工考核标准制订原则（摘录）

第十二条　求实原则。根据不同岗位分门别类制订考核标准，对教师工作进行实事求是的评价，使之能反映教师的真实面貌。

第十三条　动变原则。应随着时间和环境的转移对考核标准进行调整、变化，用发展的眼光制订出在现在和将来一段时间内都有一定价值的标准。

第十四条　全面原则。从特殊教育工作的实际出发，既要考虑确保基本任务的完成，又要体现工作中体现出来的良好的工作态度和业绩。

第十五条　以点带面原则。关注教师的发展点，通过优质的工作带动其他工作的全面提高。

第十六条　定性与定量相结合原则。对于"硬"条件，尽量量化，通过可操作、可测量的标准进行客观评价；对于"软"条件，以教师自我总结和自评为基础，根据标准进行多级评议，力求主观评议客观化、科学化。

第十七条　奖罚轻重有别原则。本体系的惩罚适用于发生在过程管理中情节较轻、涉及单一部门管理的工作。对于情节严重、造成恶劣影响的过错，根据《处罚制度》处理；奖励在每月行政例会和教师例会上进行表扬，积累为优质工作，在期末进行综合奖励。

第十八条 层层递进原则。本体系强调教师的充分发展，对于优质工作的评价分为不同的级别，在评选时采取层层递进的方法，前一级评选的结果为后一级评选条件，体现真正的绩效。

第十九条 过程与结果并重原则。基本任务的考核在每个月进行，当月对教师公布结果；绩效工作以优质工作的成果和民主评议为依据，放入学期末进行评选和奖励。

先来分析S启智学校的评价总则。从S启智学校的评价体系可以看出，学校教师管理是为实现学校的目标服务的。学校在评价中既关注基本工作的要求，也关注教师的发展。从评价的总体结构来看，学校对教师发展的关注主要从三方面来实现：一是建立良好的秩序，让教师在一个有规矩（但这些规矩都是基本的规矩）的环境下成长，对于教师形成"自控力"有帮助；二是关注教师的创造性工作和付出，让教师在完成基本的工作任务的同时，围绕学校的发展目标来承担一些具有开创性的工作，或教师在自己工作的岗位上深入钻研，这对于特殊教育学校的教师而言非常重要，不仅可以让教师在高压力、少情感交流的工作中，找到更多的工作的动力，提升教师的"进取心"和"事业心"，还可以有效促进教师的"效能感"提升。三是关注教师的持续发展，其方式是丰富奖励的方式，让培训机会、工作机会成为奖励，这对于教师们而言，不仅能获得更加积极的心态，最重要的是可以在学校营造一种工作的氛围，让每个教师更加关注工作本身的价值，从而提升教师的"事业心"和"奉献精神"，长此以往，也会促进教师的"平和心境"，让每个教师在学校的工作中，感受到公平，感受到重视，体验到自己的价值。除了工作的基本要求和积极激励政策，该评价体系也列出了"惩罚措施"，这让评价体系更加完整，也会让学校的教师们对工作有敬畏感，也让教师们可以在工作中体验"奖""罚"，逐步从外在约束走向"自控"。

再来分析S启智学校的"考核标准制订原则"。原则总共8条，总体来看，这是一个发展性的教师评价方案，评价的整体原则是关注教师成长，以促进教师成长为目标。作为基层特殊教育学校，在制订教师评价方案前确立基本的原则，本身就体现了前文所述的特殊学校制度制订的整体性和稳定性原则，让学校所有关于教师发展的制度能统一、协调，并为学校总体目标服务，为教师队伍建设的目标服务。下面具体就其中的若干条原则进行分析。第1条"求实原则"，即要求实事求是地评价老师。特殊教育学校老师的工作对象差异大，导致实际工作中老师们面对的工作难度会有差异，采取的工作方法会有区别，收到的工作成效也会不一样，在评价的时候如果采取一刀切的方法，很可能会让老师们感受不到工作的价值，进而会有挫败感，但如果在制度的制订和操作中，想办法力求做到实事求是，关照每个老师工作的实际，会让一线特殊教育教师感受到工作中的努力和思考得到尊重，取得的成绩能够被看到，遇到的困难也能被理解，长时间下去，会让老师的"进取心"得到加强，"事业心"得到提升，还会有助于强化老师的"奉献精神"、保持"平和的心境"。再看第4条"以点带面原则"，落脚于老师的发展，关注老师的优质工作。对于特殊教育教师而言，工作中要面对琐碎的事务和要有长期坚持的耐心是工作中的常态，长时间处于一种高压力的状态下，人的心态容易急躁，也会增加工作的倦怠感，但此原则中，将老师的优质工作作为促进老师发展的一个切入点，会让老师在平凡的工作中体会到工作的价值，体会到付出的意义，这将有助于提高老师的"事业心"，使其愿意投入到工作中，也会让老师更加愿意"奉献"，因为付出会被看见，付出的成效会激励自己，让自己体会到自己能驾驭工作,自己有能力改变学生的现状,帮助学生解决遇到的问题,从而提升其"效能感"。第 8 条"层层递进原则",强调老师的充分发展,体现真正的绩效。特殊教育教师的职业人格结构包含 7 个维度,无论是哪一个维度,其发展和完善都是有一个过程的,这都离不开长时间地接受有益的环境影响,而让教师通过努力获得进步的体验,对于所有维度的发展和完善都是一个至关重要的因素。马斯洛基于人类的基本需要提出了需要层次理论,他把需要分为生理需要、安全需要、社交需要、尊重需要和自我实现需要五个层次。马斯洛认为人的需要是从低级向高级发展的过程,其中,生理需求、安全需求和社会交往需求属于低层次需要,可以借助工资收入、法律制度,以及工作的人际环境等外部条件使个体得到满足;尊重需要和自我实现需要是高层次的需要,是从内部使用得到满足的。层层递进的原则可以让特殊教育教师在面对复杂的工作情境时,有机会不断体验到自己努力之后的成就感,这会不断激发老师的"效能感",激励其"进取心",从而不断克服工作中遇到的压力和挫折,让教师逐步体验并进入到"自我实现"的状态中,这一自我提升的状态,会有助于特殊教育教师更加清晰地感受特殊教育工作的价值和意义,也会使其更加客观、理性地看待工作中遇到的问题、更有勇气地面对来自外界的对特殊教育教师的不理解甚至歧视,从而会让特殊教育教师以更加"平和的心境"来投入工作,不断解决工作中遇到的问题,提升"事业心",更具有"奉献精神"。除了上述几条原则能体现对特殊教育教师职业人格的培养,其他原则,比如"全面原则""过程与结果共重原则"等都对教师素质的提升,特别是对教师职业人格的发展和完善有明确导向。

制订制度时的原则对于制度具有指导作用,也具有约束作用,但管理者的意图是否能变成具体的制度条文、是否能变成制度操作的成效,还需要在具体的制度制订和实施中去检验。下面我们再来分析S启智学校的"教师专业成长阶梯"，这是针对教师专业发展的具体的评价和激励制度，通过这个制度来进一步分析基于职业人格的特殊教育学校制度该如何设计。

S启智学校教师专业成长阶梯（节选）

一、教师专业发展体系制订的背景（略）

二、教师专业发展体系设计的思路

（一）考虑职业发展的客观性。从时间来看，专业成长是一个无止境的完善过程，在一个学习型社会里，人的发展必须要与时俱进，因此，根据普通人从事一项职业的基本规律，我们将教师在学校工作的年限划分成若干个阶段，在每个阶段设定逐步提升的专业要求。当然，这个时间段的划分是一个大概的趋向，但是总体来讲，可鼓励提前达到专业发展要求的人员，为其破格提供发展的机会。

（二）考虑学校工作的特殊性。特殊教育学校由于对象的特殊性，教师除了需拥有上课的能力、科研的能力外，还应该具有一些特殊的能力，特别是对于学生身体、行为问题的处理能力，与家长的沟通能力等，所以我校将教师专业发展要求分为7方面的要求，具体为基本能力、教学能力、学生个案训练、班级管理（家长）工作、老带新，以及科研和信息化。这些能力也符合国家在新时期对特殊教育教师的基本要求。

（三）考虑发展机会的可能性。教师的专业发展注重自身专业水平的提高、专业的发展机会，以及精神上的价值，所以一方面，我校将上级可能提供的专业发展机会按照人员的达到不同阶段进行分配，另一方面也积极为教师的专业成长提供支持，包括专家的一对一辅导和学校名教师、名班主任工作室的设计。基本上从三个方面进行考虑：一是评奖的资格和机会；二是培训的机会和等级；三是专业发展的提升——外派、专家辅导和设立专门工作室。

（四）考虑专业发展的连续性。特殊学校要求教师全面发展，所以在发展中可能会存在阶段性侧重的问题，为了体现对教师工作过程的尊重，我们以累积的形式来处理，无论是任教科目、学生个案训练数目，还是担任班主任工作的年限，都按照累积计算。

根据上面的思考，我校教师专业发展的体系设计的思路以工作年限、专业发展要求和发展机会三个方面作为维度来设计。

三、教师岗位专业发展阶段及要求

任教年限	专业发展要求及评定方式		
	序号	要求	评定方式
0～3年 （新教师）	1	累积担任 3 个学科的教学任务	必达项目
	2	担任班主任不少于 1 年	必达项目
	3	能在老教师指导下矫正两个问题学生的行为，学生行为问题基本得到矫正	必达项目
	4	完成上级的新教师培训，考核合格	必达项目
	5	信息技术证书（初级）	必达项目
	6	发表论文	计分项目
	7	课题研究	计分项目
	8	教学分享	计分项目
	9	职称评定	计分项目
"初星"教师评定要求	1. 申报"初星"教师，须满 3 年教龄，并完成必达项目； 2. 要认定为"初星"教师，计分项目须达到 20 以上		
4～9年 （"新星"教师）	1	承担过 6 个学科教学任务	必达项目
	2	担任 3 年班主任，累积担任班主任不少于 5 年	必达项目
	3	完成 5 个行为问题或辅差个案，累计完成不少于 7 个个案	必达项目
	4	信息技术证书（中级）	必达项目
	5	发表论文	计分项目
	6	课题研究	计分项目
	7	教学分享	计分项目
	8	职称评定	计分项目
	9	教师辅导	计分项目
"新星"教师评定要求	1. 申报"新星"教师，须满 9 年教龄，并完成必达项目； 2. 要认定为"新星"教师，计分项目须达到 30 分以上		

专业技能比赛	专业发展要求及评定方式		
	序号	要求	评定方式
10～15 年（"一星级"教师）	一	内容（略）	
"一星级"教师评定要求		1. 申报"一星级"教师，须满 15 年教龄，并完成必达项目； 2. 要认定为"一星级"教师，计分项目须达到 30 分以上	
16～20 年（"二星级"教师）	一	内容（略）	
"二星级"教师评定要求		1. 申报"二星级"教师，须满 20 年教龄，并完成必达项目； 2. 要认定为"二星级"教师，计分项目须达到 80 分以上； 3. 若教龄不满 20 年，要"跳级"申报，则项目 4（评为学科骨干）须列为必达项目，项目 1 只要达到 1 个教学大循环即可	
21～25 年（"三星级"教师）	一	内容（略）	
"三星级"教师评定要求		1. 申报"三星级"教师，须满 25 年教龄，并完成必达项目； 2. 要认定为"三星级"教师，计分项目须达到 40 分以上； 3. 若教龄不满 25 年，要"跳级"申报，则项目 4（评为学科骨干）须列为必达项目，且被评为两个学科的骨干，须完成 1 个教学大循环	
26～30 年（"四星级"教师）	一	内容（略）	
"四星级"教师评定要求		1. 申报"四星级"教师，须满 30 年教龄，并完成必达项目； 2. 要认定为"四星级"教师，计分项目须达到 50 分以上； 3. 若教龄不满 30 年，要"跳级"申报，则项目 4（评为学科骨干）须列为必达项目，且被评为 3 个学科骨干，须完成 1 个教学大循环	
30 年以上（"五星级"）	1	累计完成 3 个教学大循环	必达项目
	2	担任班主任 3 年，累计担任班主任不少于 20 年	必达项目
	3	完成 5 个行为矫正或辅差个案，累计不少于 33 个个案	必达项目
	4	评为学科骨干	计分项目
	5	论文发表	计分项目
	6	课题研究	计分项目
	7	教学分享	计分项目
	8	教师辅导	计分项目
	9	专业技能比赛	计分项目
"五星级"教师评定要求		1. 申报"五星级"教师，须满 30 年以上教龄，并完成必达项目； 2. 要认定为"五星级"教师，计分项目须达到 60 分以上； 3. 若教龄不满 30 年，要"跳级"申报，则项目 3（评为学科骨干）须列为必达项目，且被评为 4 个学科骨干，须完成 1 个教学大循环	

四、"星级"教师评选操作

1.组织方式

学校每学年组织一次教师专业水平评定。"初星"教师和"新星"教师由教导处评定。"星级教师"由办公室组织，教导处协助评定。

2.评选时间

每年6月。

3.评选程序

教师申报—教导处审核—民主评议—办公室审核—公示—学校行政会议讨论确定—公布

4.评选要求

为更全面、客观地体现教师专业发展方面，特别是师德方面的情况，在评定专业称号时，将采用量化评定和质性评定相结合的方式，量化评定以完成各阶段的任务为指标，进行登记、计分；质性评定以申报教师述职、教师评议的方式开展，评议结果作为评价的参考。

5.评选说明及细则

（1）担任重度班教学，每学年按1个新学科累计；由教导处安排专门进行自闭症行为问题学生行为矫正训练，持续1个学年按1个学科累计。

（2）级长兼任备课组长每年可按1年班主任累计；只担任1个组长职务累积两年折算为1年班主任。行政两年折算为1年班主任。

（3）计分项目的计分办法（略）

五、星级教师待遇

"星级"教师如果在规定年限达到专业标准，则可根据级别享受相应的待遇。

表10-2 S学校星级教师专业发展方案

教师星级	评优待遇	学习机会
初星教师	有资格参评校内各单项奖	专项业务培训，校级公共培训
新星教师	有资格参评校内各奖项 教龄超过5年，在单项奖考核中优质加分排前三名，有资格参加区级"教书育人优秀教师"和"优秀班主任评选"	专业业务培训，校级公共培训
一星级教师	（略）	（略）
二星级教师	有资格参评校内各奖项及区"教书育人优秀教师"，区"优秀班主任"，"骨干教师"，市级"优秀教师"，市级优秀班主任	有机会参加省培 有机会外派到实验校推广课程 学校聘请专家定向辅导 有资格推荐为市级名班主任培养对象
三星级教师	（略）	（略）
四星级教师	（略）	（略）
五星级教师	有资格参评校内各奖项及区区"书育人优秀教师"，区优秀班主任"骨干教师"，市级"优秀教师"，市级优秀班主任，市级"学科带头人"市级名师，省级"名师""南粤优秀教师""省级优秀教师""省级优秀班主任""全国特殊教育园丁奖""全国优秀教师""全国优秀教育工作者""全国优秀班主任""全国模范教师"	有机会出国访学、交流

六、说明（略）

上面的这份制度具有一定的创新性，在国内特殊教育学校中还是比较少见的。学校管理者试图将学校的发展与教师个人的发展统一起来，通过制度的设计让教师既感受到动力，也感受到压力，既要注重个人发展，又要以学校任务为重。另外，这个制度制订的思路和操作实施的方案也对其他特殊教育学校具有启发作用，很多具体的细节上体现了对特殊教育工作本身的深入思考。下面，我们就具体的制度进行分析，继续深入探讨特殊教育学校在制订制度的时候如何培养和完善教师的职业人格。

在这份关系到所有老师的制度中，不仅列出了制度设计的背景，还提出了制度设计的思路，由此可见，学校管理者在制订制度的时候是做了充分的思考的。在设计的思路中总共列了四点，我们分别来进行分析。第一点"考虑职业发展的客观性"，强调特殊教育教师专业发展是一个无止境的过程，并明确了制订分阶段发展目标的理由。就这一点内容而言，似乎与普通教育并无二致，但在制度的设计中专门强调这一点，意图就是要让制度的设计者和老师们都要意识到发展是每个教师的职责，在工作期间必须要求自己不断发展、进步。基于这一思路，制度的设计中会为每个老师的发展划分阶段，并制订每个阶段的目标，这对为老师们增加工作的动力、提升工作的紧迫感具有重要的意义，更深一步，将会对每个老师的"效能感"和"进取心"的发展具有重要的推动作用。第二点"考虑学校工作的特殊性"强调了特殊学校教师工作需要具备的多种能力。特殊教育教师是一个特殊的教师群体，其工作任务的不同是其特殊性的重要表现，在发展阶梯的制订中先分析工作的特殊性，引导所有老师都思考工作的特点，这有助于所有老师在面对工作的职责和工作中遇到的问题时更具有平和的心态，也有助于其在工作中找准自己努力的方向，这有助于特殊教育教师长远的发展，能提升"效能感"和"进取心"。第三点"考虑发展机会的可能性"关注的是机会均等和机会的多元性。如前文所述，特殊教育教师在工作中面临的最大问题是成就感低、价值体验不足，这与学生发展的进程和达到的水平有关，这是特殊教育本身的特点。虽然我们可以通过课程的改革、教学技术的改进提高学生发展的水平，但总体上来说，学生能够达到的程度是有限的。要解决这个问题带给特殊教育教师的困难，在工作中为一线老师提供更多发展的机会，增设体验价值的平台是一个有效的方法。"考虑发展机会的可能性"就注意到这一点，按照这一思路，在制度中为一线特殊教育教师提供各种发展机会，让每个老师都有机会体验到成就感，提升老师的"效能感"，强化一线老师对工作的认同感，进而提升其"事业心"，还有助于其"平和的心境"。第四点"考虑专业发展的连续性"是要关注特殊教育教师在专业工作中的积累、工作的延续，这也是充分考虑了特殊教育工作中需要花费更多的时间、需要更长的时间来深入才能见到成效的实际情况。按照这一思路，制度的设计中应该尊重每个老师在某些工作中的积累，而不要用简单的项目和标准来进行评价，这有助于提高一线特殊教育教师的"效能感""进取心"，更为重要的是，在此过程中，老师会体验到学校对老师工作付出的尊重，进而会增加老师们对工作付出的意愿，强化其"奉献精神"，更深层次的，会提高老师对特殊学生的"同情心"。

以上是对制度设计思路的分析，下面就具体的制度和制度相关的操作进行进一步的分析和讨论。在这份制度中，"教师岗位专业发展阶段及要求"以教师工作时间为轴，设定了六个"星级"教师发展阶段，每个阶段都提出了发展的要求，并列出了具体的评定方式。从整个阶段的划分，以及每个阶段达标后的身份认定名称可以看出，学校的管理人员想用"星级教师"来引导老师们朝着光荣的前方迈进。从专业发展要求，我们看得出管理者是希望通过这个制度来督促老师提升自身的专业能力，完成好学校任务，达成学校的目标，这与学校的整体评价体系设计的意图是一致的。但设定"星级教师"的方式，却让硬性的要求有了光和温度，相信会让身处其中的老师感觉到这个制度带给每个老师的希望。特殊教育教师工作中面对的问题层出不穷，需要付出极大的耐心，但要真正解决问题、促进学生的发展，则需要专业能力的不断提升，但专业能力的提升需要内在的动力。动力从哪里来？要从工作的体验中来。这个制度中设定星级教师的等级与教师发展的阶段相对应，会让每个阶段的老师既有动力又有压力。按照表格中的发展要求和评定方式，我们注意到学校管理者非常注重教师的基本职责的履行，但同时又会给出自由选择的空间，并不强迫老师必须按年限做到所有要求，这就符合了制度制订时对职业发展的认识以及对特殊教育学校工作的特殊性的认识。按照这一发展阶梯，老师可以对自己的专业发展做出规划，并按照发展阶梯中的工作要求列出每个阶段要达到的目标。根据特殊教育专业发展的有关研究，给予教师适当的引导并为老师搭建平台，对于一线的特殊教育教师而言是一种比较理想的发展状态。基于本研究的结论，特殊教育教师要高绩效地完成工作，如果能做到人职匹配将会极大提升特殊教育教师专业发展的进程，也能极大地节约管理的成本。S启智学校的这份教师专业发展阶梯制度，对于一线教师将会产生以下几个方面积极的影响。一是发展阶段的要求落脚于老师的基本工作。这体现了制度设计思路中的考虑学校工作的特殊性，更为重要的是，这样会让老师能更专注于日常工作，尤其是对学生的教育教学工作，一方面，这既有助于增加老师与学生之间的交往，增强老师对学生的了解，体验更多特殊教育工作本身的特殊性，另一方面，老师只有专注于对学生的教育教学才能体会到教育者的价值，才能有机会体验到教师的成就感，这两方面的影响将会提升特殊教育教师工作的"效能感"，也有助于提升老师的"平和心境"。二是发展阶梯设定发展的进程，给予老师以指引。从具体内容来看，每个阶段的划分既考虑了学生学习的周期，也考虑了老师角色变化带来的心理变化，还考虑到了每个阶段专业发展方面必须达到的水平和期待达到的水平。这些设计也很好地体现了制度设计时对专业发展的连续性和职业发展的客观性的考虑。特殊教育学校学生的类别不同，教育的目标和过程也会有差异，但总体上来说，老师们对教学的成就感的体验相对于普通学校而言是比较弱的，为了让老师们愿意投入到工作中去，就要考虑如何让每个老师都能体会到工作的成就感。这一制度划分阶段，基于每个阶段老师达到的水平对其提出工作的目标和要求，这些目标都是"跳一跳就能够得着"的目标，这会让每个教龄的老师都能体会到工作中的成就感，避免了一刀切的评价带来的对年轻教师的打击，也使教龄比较高的老师不敢松懈。整体上来说，这样的设计让每个老师都有一个总体的目标，同时又有阶段性的目标。在这样的制度营造的氛围中，相信每个特殊教育教师都能体会到更多的成就感，也能体会到发展中的空间，能感受到学校对每个老师都充满期待，又能以包容的态度让每个老师自主成长。三是在成长阶梯中每个阶段发展情况的达标评定方式中，既有必答项目又有计分项目，这样的安排充分体现了对每个老师发展可能性的考虑，也体现了学校对工作特殊性的充分考虑。在特殊教育学校中，对学生的教育训练非常注重环境刺激的强度和频率，这对教师个体和整体都提出了要求，需要遵循这一规律。在发展阶梯中对每个发展阶段的老师提出必达的要求，让基本的教学任务、对学生个案的处理成为老师最基本和最需要坚持的工作，会让学校的教育理念和要求统一起来，变成老师们内在的要求。而每个阶段要达到的要求中，以计分项目的方式对老师的专业工作提出要求，这其实就是承认每个老师在专业领域中会有不同的兴趣点和研究的特长，鼓励每个老师发挥特长，兼顾全面发展。这一制度的安排将会有助于老师们在完成基本的工作任务的同时，选择自己感兴趣的方向来探索，也会让老师有一个空间来展示自己的专长。从培育职业人格的角度来看，这样的制度安排将会很好地让老师体验到成就感，也会体验到学校对每个老师的宽容和信任的发展环境，但同时也会有一定的紧迫感，这会有助于提升老师的"效能感""事业心"，这一制度还可以营造公平竞争的环境，能促成老师之间的和谐关系，也会促使老师们的心态更平和。

再进一步分析制度的配套安排。关于"星级"教师的评选操作，该制度主要列出了五点。值得一提的是第四点"评选要求"和第五点"评选说明及细则"。评选要求提出要用量化和质性评定相结合的方法，这样的操作要求还是比较高的，但从特殊教育教师的角度而言，确实是必要的，这有助于减少因评价方案过于笼统而造成的不必要的争端，增加管理的难度和成本，也有助于全面、客观地评价老师。特殊教育教师的工作非常琐碎，一部分工作是看得见，也能计分的，也有相当一部分工作是看不见的，但我们的评价要想全面、客观，就需要做到能明确的就明确，不能明确的，要通过一些专门手段来进行评价。当然，这里应该还有一层考虑，就是要让老师们都有参与感，因而就需要通过质性的评价来达成目标。评选说明和细则中对一些特殊岗位的工作做了规定，主要对计分项目和标准进行了明确。从具体的规定中可以看出，管理人员是做了很多细致的调研才制订出来的，也是基于特殊教育工作的差异性做出的设计，目的就是要让每个老师在工作中的付出和获得的反馈之间尽量一致、对等。基于以上的分析，我们认为这一制度充分考虑了一线特殊教育教师工作的特点，按照这一制度的安排，老师们只要专注于自己的工作职责，不断钻研业务，学校就会给予公平公正的反馈，也会让每个老师感受到工作带来的价值。这对于一线的特殊教育教师来说，有助于其很好地应对外界对特殊教育教师的一些误解和带有歧视性的看法，能更好地理解特殊教育的价值，能提升对工作的认同感，也会提升老师的"事业心""效能感"，并促使老师以平和的心态来约束自己，提升"自控力"。

最后再来看教师专业发展阶梯制度最后一个部分——星级教师的待遇。这个部分按星级教师的类别，从"评优待遇"和"学习机会"两个方面来设计待遇。从待遇的类别上就可以看出，这份制度对老师的激励是精神性的，但也与实际的利益挂钩。这样的安排既符合对特殊教育教师期待，也符合现实的人性，值得赞赏。在评优待遇中，很多都是跟上级的评优项目挂钩的，但有意思的是，这些项目出现的时间与"星级"的水平有密切关系，这也体现出管理者对教师发展的过程是有着精细的考虑的。学习机会项目，更多的是为老师提供展示平台和交流平台，这对于一线的特殊教育教师而言是非常必要的。总之，这样的设计可以让特殊教育教师在专心完成工作任务的同时，能够继续将焦点放在成长上，这样的安排虽然也会造成竞争，但这种竞争的目标是每个老师的发展，这有助于特殊教育教师"事业心"和"进取心"的提升，也能在良性的竞争中促进老师们良好心态的形成，让老师拥有"平和的心境"和"效能感"。

学校制度的建设是一个系统工程，管理者在进行制度设计的时候，要有系统的思维，要有学校发展的整体目标和规划，并基于此，设计具体的制度。特殊教育学校的工作有其特殊性，制度的设计不仅要着眼于学校管理目标的实现，更要着眼于教师素质的提升，特别是要通过制度来营造教师成长的氛围，搭建成长平台，让教师们的人格得到发展和完善。

10.2 特殊教育学校的文化建设

学校管理是一种以人治事的活动。在学校中的"人"是有知识、有修养的教师群体，还包括正在成长中的青少年，学校中的"事"就是教书育人。从这个意义上来说，学校的管理是学校管理者通过一定的机构和制度，采用一定的手段和方法，带领和引导师生员工，充分利用校内外的资源和条件，有效实现学校工作目标的组织活动（张济正，1990）。从某种意义上来说，学校管理可以分为"硬管理"和"软管理"两种（阎德明，1999）。"硬管理"表现在管理的方针政策、规章制度和技术方法方面，"软管理"表现在管理的思想观念、价值取向和文化氛围等方面。在学校管理中，我们注意到很多管理者非常注意对管理方法、组织结构和规章制度的分析，而忽略了对学校文化的研究。很多学校管理者认为，只要引进和运用科学的管理方法、制订严格的规章制度、采用合理的组织结构，就能成功地管理好学校。事实上，任何管理方法、规章制度和组织结构只有融合于一定的文化之中，才能发挥作用。有学者认为，校园文化是人们共同的价值观、习惯和表征，它表明学校的核心问题在很大程度上不是技术层面的，而是社会层面的（Fred 和 Allan，2013）。学校的文化既是无形的、不可捉摸的，同时也是无处不在的。事实上，每个学校都会有一套核心的价值观念，并依此来制订一套规则来管理教师的日常行为。无论是学校管理层还是一线的老师、教辅、后勤人员，只要有人违背这些规则，就会受到普遍的指责和严厉的惩罚，而遵循这些规则，则被认为是理所当然的。有学者认为，学校的文化有三大功能：一是导向功能，学校通过文化这种"软管理"来引导师生员工的行为方向和学校发展的目标；二是凝聚功能，表现为联系和协调一所学校所有成员行为的纽带；三是规范功能，学校文化中蕴含的道德因素能调节人际关系，使之心理相容、和谐有序，这就是学校文化对教师的规范和约束作用。也有学者认为学校文化所内含的价值观、行为规范及传统作风等核心因素虽然来自组织，但却不仅具有相对的独立性和稳定性，还能对组织产生能动作用。比如，除了上述的导向和凝聚作用，还具有划界作用、激励作用和凝聚作用（吴晓义和杜今峰，2009）。所谓划界，就是学校之间能够从"自我"层面上区分开来；激励作用是指学校的教师能通过对学校文化的了解，认识到自己学校的特点和优点，理解自己工作的意义和价值，产生热爱集体的荣誉感、自豪感，激发其巨大的工作热情；稳定作用是指文化是一种黏合剂，它通过为学校的教职员工提供言行举止的恰当标准，以及由此产生的认同感，使员工愿意长期为学校服务。

从上述对文化的概念和功能分析，可以看出学校的文化建设对于一所学校的教师完成工作任务、提升素质具有至关重要的作用。在特殊教育学校，教师的发展和成长也需要良好的文化氛围。基于本研究的相关成果，笔者认为有必要对特殊教育学校的文化建设进行专门探讨。

10.2.1 特殊教育学校文化建设的思路

学校文化是在学校长期的发展中逐步实现的，具有实践性和独特性。学校文化的特性决定了文化建设的过程不能简单模仿，更不能一蹴而就，必须要将文化的建设纳入学校发展的规划中，通过有意识的培育和扎扎实实的长期建设，才能最终形成并保持和发展。

1. 传承和改造好原有的文化

一所学校里的惯例、传统和做事的方式，很大程度上是沿袭传统。学校的传统从何而来？这就要回溯到学校的创始人。学校的创始人创建学校文化主要通过三个途径：一是招聘和留用与自己有一致想法和感受的教师；二是对教师进行持续的思维方式和感受的灌输及社会化；三是学校创建者将自己作为榜样，鼓励老师们认同他所提出的信念、价值观和假设，并让这些观念内化为老师们的想法和感受。

文化是包括知识、信仰、艺术、道德、法律、习俗和任何人作为一名社会成员而获得的能力和习惯在内的复杂整体（庄锡昌，1987），文化的本质就是人的自我生命的存在及其活动，文化世界的本体就是人的自为的生命存在（李鹏程，1994）。学校的文化一旦形成，就会成为一种巨大的惯性力量，总是以"传统"或"习惯"的形式来影响教师的行为取向。因此，学校文化的创建既要注重对优良传统的继承，又要注意积极的生发。不同学校有不同的文化，不同的时代和地域也会有不一样的文化，从这个意义上讲，文化具有地域性和时代性，是一个动态的概念。特殊教育学校作为教育体系的组成部分，由于其自身的特殊性，文化上也会有其特殊性。"特殊教育的文化灵魂就是高举人文旗帜、弘扬人文精神、实践人文关怀（盛永进，2011）。"学校的管理者在进行文化的传承和改造时，同样要注意甄别、取舍，将符合特殊教育规律、符合学校实际、符合时代潮流的价值观念传承下来，再基于时代发展的要求和学校发展所具备的条件进行创新。基于本研究，笔者认为，在特殊教育学校文化的传承和发展中，要注意将有助于特殊教育教师良好人格养成、有助于教师持续发展的文化基因发扬光大，对于那些不利于老师感受和体验个人价值、不利于老师从理性角度来判断工作价值的一些观念，要及时革除。当然，在文化的传承中，还要注意将那些表达精练、寓意深刻、深入人心的文化保护和传承下来。

2. 发挥主体作用，创造和承载学校文化

学校是什么？学校的外在是物质的，但实质是精神的。学校的实质蕴含在学校的文化中。学校的文化是由学校里的人创造出来的。学校的教职工和学生共同创造了文化，他们又被这种文化所包围，每个教职工的言行都在受着文化的影响，但每个人又是学校文化表达的载体，每个人在承载这种文化的过程中不断发展和改造学校的文化。校长是学校文化建设的关键人物，校长作为学校的法定代表人，作为学校发展的引领者、组织者，他的理想、价值、行为准则都会渗透到学校管理的每个方面。从某种意义上来说，学校的文化其实就是校长的教育理想、行为方式的综合体现。大多数的教职工在学校文化的建设中扮演什么样的角色呢？学校文化的核心体现在教职工群体的价值观念、道德准则和行为方式上，所以，教职工是学校文化建设的主力军（阎德明，1999）。教职工是学校文化建设的主力军，也是文化建设的载体，只有广大教职工的思想觉悟、文化素养、伦理道德、集体意识等整体素质提高了，才能创造和发展学校文化。

在特殊教育学校，教职工也是文化建设的主力军和载体。与普通学校不同的是，特殊教育学校的教师们在学校文化创建的过程中，首先要应对工作对象带来的教育困难和教育对象身心障碍带来的发展限制导致的成就感低下。面对工作的特殊性带来的限制，特殊学校教职工在文化建设中首先要自我建设，以应对工作中的问题，在此基础上再来理解学校文化，以及特殊教育工作本身的社会价值。因此，在特殊教育学校中，校长如何确立正确的特殊教育观、如何建立对教师专业发展的正确认识，对于学校文化的建设起着关键的作用。教职工作为文化建设的主体，是社会和时代对特殊儿童认识观念的消化者，是一个时代对人类社会平等互助精神的表达者。特殊教育学校的教职工在工作中认识特殊儿童，理解特殊儿童，创造属于时代的包容、理解、支持的精神，也传播和表达这种精神，并促进社会的和谐文明。

3. 整合文化要素创建学校文化

基于对组织文化的研究，学校文化可以被看作一所学校所有的信念、情感、行为以及象征，具体来说就是指学校内部共享的哲学理念、意识形态、信念、情感、假设、期待、态度、规范和价值观等（Fred 和 Allan，2013）。学校文化是在长期的教育实践中积淀和创造出来的，且是其成员认同和遵循的价值观念体系、行为规范准则和物化环境风貌的一种整合和结晶，是一所学校的"综合个性"（阎德明，1999）。从文化的定义我们可以看出，文化包含了诸多因素，从系统论的观点看，学校文化是一个整体，是一个由众多要素有机结合构成的整体。任何一种学校文化，都是对文化的各种构成要素及其相互关系和应有的功能进行整合的结果。

在文化的要素上，普通学校和特殊学校之间并无显著的差异，但在要素的具体内容上，特殊教育学校的文化要素却有其自身特点。综合学者的研究，笔者认为，特殊教育学校在文化要素方面主要包含价值观、规范、态度、行为及感受。在整合这些因素创建学校文化时，要注意把握各个要素的特殊性。基于本研究的结果，在以上要素的整合中，要将提升教师的爱心和专业作为整合的核心目标，要通过整合创建文化的过程，提高特殊教育教师的"事业心""奉献精神""进取心""效能感""自控力""同情心""平和心境"。

10.2.2 特殊教育学校文化建设的内容

学校文化的本质意义在于影响和制约学校环境中的教师和学生的发展。恩格斯曾指出：在一切方法的背后，如果没有一种生机勃勃的精神，到头来不过是一堆笨拙的工具。特殊教育学校需要管理的方法作为支撑，但相比于普通学校精神的力量更为关键。只有全体教职工有共同的价值追求，且这些价值观是契合特殊教育的特点的，能帮助每个教师正确看待特殊儿童，能在精神上获得积极的支持，特殊教育教师才能积极面对工作中遇到的问题，在工作中实现人生价值，获得成功。根据学者的研究，学校文化是一个由三个同心圆组成的整体（阎德明，1999）。外层是学校的物质文化，属于学校文化的表象层，包括校园建筑、校容、校貌、环境文化和教育教学设备等，是学校教育教学活动的物质基础。中层是学校的规范文化，属于学校文化的制度层，它包括学校管理体制、组织机构，规章、制度、课程、教材，以及人际关系的模式等，是学校发挥育人职能的制度保证。内层是学校的精神文化、是学校文化的观念层，它包括办学指导思想、教育观、道德观、价值观、思维方式、校风及行为习惯等，是学校文化的内核和灵魂，是学校组织发展的精神动力。

特殊教育学校文化建设在内容上也包含这三类，即物质文化、制度文化和精神文化。基于本研究的成果，就特殊教育学校的文化建设具体内容进行探讨。

一是物质文化层面注重科学。在特殊教育学校，由于特殊儿童的学习需要大量的体验，校园环境就显得特别重要。校园环境不仅是学校的外在形象，更是教育的载体，有人将校园环境称为"第二教师队伍"，被认为是一种"隐性课程"。既然是学校课程的一部分，特殊教育学校的物质文化建设就要考虑是否符合特殊儿童的特点。本研究认为物质文化的建设总体要以科学性为原则，所谓科学性，就是要基于特殊儿童的心理特点和发展水平来建设环境，要让每个具体的场景和整个校园都符合特殊教育的规律。比如，教室的大小、颜色都要考虑特殊儿童的特点，听障孩子需要丰富的色彩和有序的环境，智障孩子在空间上要求更大，在色彩上要有主次，在物品的存放上要更多标识。在教学设施设备的配置上，要根据不同障碍类别学生的课程来设计和购置。启明学校要建设专门的盲文图书馆，要建设专门的音乐教室，教室里要配备收音机和录音机；在启聪学校，要建设律动室，要有更多电脑室；在启智学校，要建设一些康复类场室。当然，特殊教育学校的物质环境是一个整体概念，大到校园的整体布局和校舍的设计，小到一个标识的设计，但无论在哪个环节上，学校管理者要注意把握的最核心的是注重科学，要符合特殊儿童的身心特点，特殊学校如果看上去与普通学校没有什么两样，就说明管理者要么没有真正了解特殊孩子，要么就是心里没有特殊孩子。学校的物质环境之所以能称为文化，当然是因为其承载了一定的价值观念，表达着一定理念，所以在特殊教育学校的校园物质文化建设中，除了要准确把握特殊儿童的身心特点和发展规律外，还要注重美观，要通过环境让教师和学生既感到赏心悦目，又觉得整体环境有序、高效，能让身处其中的教职工在每日忙碌的工作中放松心情，不会感到压抑，这对于特殊教育教师职业人格的养成也很重要。

二是制度文化层面注重人文。良好的学校文化行为要与管理制度相结合。在学校文化由浅层向深层、由外化向内化的过程中，规章制度既是一种载体，又是一种力量。在学校的规章制度中，既包含着学校管理者和广大教职工共同的观念和价值追求，在落实的过程中又承担着对文化的宣传和社会化。正如前文所述，规章制度既是对教师教育行为和校园生存方式的一种规约，同时又承担着一种关爱和支持的功能。在特殊教育学校进行制度建设，并将其培育成为一种文化，笔者认为最核心的是要有人文关怀，不能让制度变成冰冷的要求和规矩。因此，要特别注意以下几点：（1）对特殊教育教师提出的要求一定要符合特殊教育的基本规律，要从特殊教育教师工作的实际出发，要提出既合理，又切实可行的要求，只有符合特殊教育的实际，才能得到老师的拥护，也才能产生文化的影响力；（2）特殊教育学校的制度既要具有管理功能，有助于实现学校基本目标、完成常规任务，还要注意制度本身应具有教育性，所谓教育性就是指要有潜移默化的引导作用，每一项制度的内容和要求都要符合学校的教育理念，从教育的目的出发，有针对性地对师生员工进行教育；（3）特殊教育学校的制度要有稳定性和延续性，要让制度能持续对教师的教育行为和人格完善产生影响。特殊教育学校的发展要回应时代的诉求，要与时俱进，但要注意的是制度不能朝令夕改，要充分考虑特殊教育的周期性长的特点，而老师的人格培育也需要持续的影响，所以在制度的设计和实施上都要坚持以人文精神为底色，以促进教师人格的完善为目标的准则。

三是精神文化层面注重心理。林崇德认为，学校精神就是学校群体在长期的教育、教学实践中积淀下来的共同的心理和行为中体现出来的群体心理定式和心理特征（林崇德和俞国良，1996）。从这一定义出发，本研究认为特殊教育学校精神文化的建设要注重教师心理的建设。这里的心理建设是一个笼统的概念。我们知道，个体的行为是由其观念支配的，而个体的观念是长期与社会环境互动以及在接受教育的过程中逐渐建立起来的。个体的人格是个体观念的总和。我们在学校建设校园文化的目的就是要形成师生员工所认同和遵循的文化传统、价值观念和行为习惯。在校园文化要达成的目的中，最集中的表现是每个教职员工的外在行为。要达成这一目标，在精神文化建设方面要将建立和发展教师的职业人格作为核心目标，在职业人格的培养中将学校的价值观融入进去，这样，特殊教育学校的教师将会在学校文化的熏陶下，形成共同的价值观念，建立共同的行为准则，而最重要的是每个特殊教育教师都能将这些观念和准则内化成为自己的人格。这对于特殊教育教师应对工作中的困难、解决工作中的问题会起到积极的作用。

10.2.3 特殊教育学校文化建设的策略

特殊教育学校的文化建设是一个持续的过程，作为管理者，要因特殊教育本身的特殊性和特殊教育教师全体的特殊性选择相应的策略来推动校园文化的建设。在具体策略的选择方面可分为维持学校文化的策略和发展学校文化的策略。

1.维持特殊教育学校文化的策略

特殊教育学校的文化一旦确立，就需要让其保持和传承下去。相对而言，特殊教育在我国的发展时间比较短，很多学校的历史都不长。学校要将初步形成的文化传承下去，本研究认为，要把握几个要点：一是在工作中渗透，要在老师们有感受和体验的工作中渗透学校的价值观和行为准则；二是要通过一些交往活动来帮助老师们理解和把握学校的文化，比如，通过同特殊教育兄弟学校之间的交流活动，来增加认同感和心理支持，通过与普通教育学校的交往，来体验特殊教育与普通教育的差异，增强教师的角色感；三是要通过评价来及时反馈，让老师体验到价值感和成就感，也同时能发现问题，形成自我反思。具体来说，可以采用以下策略。一是在人事管理中注重选拔和留用更容易接受学校文化、更容易对学校文化提出建设意见的人。关于这一点，在前文中已经有了论述，此处再次强调。特殊学校在选聘人员的时候，一定要提出明确的用人标准，也就是具有特殊教育职业人格特质的人，这样的标准会让应聘者判断自己是否适合学校要求、适合从事特殊教育工作，学校也会通过测评来做出判断，通过这个过程，那些容易接受学校文化、适合特殊教育的教师就会被选拔进来，而这些教师将会成为学校文化的积极推动者。二是在管理过程中渗透学校的价值观，落实行为准则。学校管理层要在学校的各项工作的组织和落实中，有意识地渗透校长的管理理念，并用行动身体力行，为老师们做出榜样，让老师们看到学校希望老师们能有进取心，而学校的领导就是最有进取心的群体，学校希望老师们能关爱特殊孩子，学校领导在膳食的安排、卫生条件的改善等方面总是能考虑得细致入微，这些都将成为学校文化维持的有效途径。三是在学校管理中要注意针对每个老师的特点和需求进行有针对的教育和帮扶。学校管理人员要充分认识到特殊教育学校的教师要想很好地完成他们的使命，就必须要成长。成长的过程就要学校管理层在不同的阶段，在不同的事件中对他们给予关心和帮助，以及心理上的引导，让他们不仅能尽快适应工作，还要让他们成为种下学校文化种子的土壤，让学校文化也枝繁叶茂。

2. 发展特殊教育学校文化的策略

特殊教育学校的文化一旦形成就具有稳定性，但也不是一成不变的。对于一所健康成熟的学校，保持学校文化与社会和谐相处、同步发展是非常重要的。在知识经济时代、在大数据时代，特殊教育学校文化也要与时俱进，不断发展。

学校要倡导学习的理念。特殊教育教师的发展需要学习，而特殊教育教师人格素质的培养和完善更需要不断的学习。心理学研究表明，意识与自我意识是生命之魂，是人自主发展的力量。"当人的发展达到较清晰的自我意识和达到自我控制的水平时，人能有目的地、自觉地影响自己的发展（叶澜，1991）。"心理学研究表明，个体的发展是一个与环境交互的过程，个体良好人格的形成需要个体主动塑造自我。主动发展的能量就来自于学习，只有主动的、持续的学习才能让特殊教育教师更客观、更理性地认识特殊教育工作的性质，才能更好地把握特殊教育工作的规律，才能更好体验到工作的成就感，才能有更好的心境。

学校要构建共同的愿景。特殊教育学校的老师是强大的，但很多时候又是极其脆弱的。特殊教育教师的这种看似矛盾的状态是有社会原因的，在如何看待特殊教育的存在问题上，在现代社会中依然存在着"慈善"观的文化取向，"慈善"从社会心理的角度看是一种同情，这是一种滋养人类仁爱之情的土壤，也是人类道德的情感基石，有其积极的意义，但如果仅仅从"慈善"的层面来看待特殊教育，就会伴随"怜悯""施舍"，甚至会有强者对弱者的俯视（盛永进，2011）。这些社会上存在的过时甚至不正确的观念折射到特殊教育的工作场景中，会影响特殊教育教师对自身工作价值的理解和认识。要想让特殊教育学校的老师们拥有更多的力量和勇气来面对工作中的困难、面对世俗社会的压力，甚至工作中的不公，就需用共同的愿景来唤起大家的希望，改善员工与企业的关系。要建立真正的愿景，就要鼓励老师们建立个人愿景，学校共同愿景只有建立在教师个人愿景之上才能有强大的动力；学校要尽力满足每个特殊学生的需要，将促进每个特殊学生的发展作为学校办学的核心理念。学校管理层还要注意不断塑造学校的形象，要有意识、有计划、有步骤地打造学校形象，用学校的良好形象来增强特殊教育工作者对特殊教育和学校的认同及归属感，增强心理的安全感，也增强对工作的效能感。

健全教师成长平台。在特殊教育学校要提倡人文关怀，关怀不同于怜悯、同情，关怀意味着对某事或某人负责，保护其利益，促进其发展（侯晶晶，2005）。特殊教育学校文化的发展需要每个教职工的参与，但文化的生成不能在日复一日的工作中完成，需要适合的载体。特殊教育学校需要基于核心的价值和行为准则来设计一些针对不同群体和个体的发展平台，让老师们在完成基本工作的同时，体验到成长的乐趣，并能够在成长中感受和认同学校文化。

10.3　基层特殊教育教师评价的维度

在教师的招聘和管理中，评价的维度和内容是一个基础性的问题。教师评价是对教师工作现实的或潜在的价值做出判断的活动。教师从事的教育活动是一个长期复杂的过程，工作中的任何成绩都是日积月累的结晶，绝非一朝一夕的产物，仅仅依靠一两次的单项评价，不可能真实反映教师工作的整个发展过程，也必然导致评价结论与教师实际工作表现的偏差。缺少综合评价，就无法全面了解评价对象的工作表现，无法把握教师的发展倾向和发展需求，也无法修正评价过程中的晕轮效应、趋同效应等引起的各种偏差。不公平的教师评价及长期、繁重的教学任务导致教师巨大的心理压力，导致教师产生显著的消极情感体验，久之，形成职业倦怠，对师生关系、同事关系和领导关系都会产生不利的影响。按教师评价目的，通常有两种形式：业绩评价和教师发展评价。业绩评价关注可达到的、相对短期的目标，倾向于在某个时间段内给教师的业绩和能力下一个结论，对于教学质量的监控有重要作用。一般说来，业绩评价和教师的名誉及利益是相关的。教师发展评价的目的是对教师的工作给予反馈、改进或完善教师的教学，明确个人的发展需求和相应的培训，提高教师的能力，以促使其完成任务或达到将来的目标。教师的日常工作中所经历的评价大多是发展性评价，它所关注的不是给教师当前的能力和水平下一个结论，而在于帮助教师诊断问题并促进教师改进。科学的教师评价应该给教师提供进步的空间和动力，允许教师存在不足和缺陷。

特殊教育教师的评价，一般而言，主要也是业绩评价和教师发展评价。业绩评价主要与特殊教育教师工作任务的完成情况、教育目标的达成水平有关，其导向是评优和晋升。业绩评价的内容一般是可量化的内容，主要包括专业知识、专业能力和专业技能，以及基于知识能力获得的成果。业绩评价在特殊学校中的运用比较普遍，但在具体操作中也会因教育对象不同、教学过程的差异而存在一定的难度。但相对而言，业绩评价对教师招聘的影响比较直接，但评判的难度不会太大。在招聘中，通过说课、现场教学、笔试等方式就可以进行考察。与业绩考察不同的是，特殊教育教师的发展性评价更多倾向于专业道德、专业理念和身心素质（盛永进，2004）。专业道德是指教师必须遵守的道德准则和道德要求。除了具备基本的德性之外，还要具有职业使命感、社会奉献意识和人文情怀。专业理念是教师从事教育教学工作的基础，是对教育的基本观念和信念。特殊教育教师面对的是具有显著个体差异的生命个体，教育对象生命的独特性要求特殊教育教师要从生命发展和解放的高度去理解特殊教育、践行特殊教育。要增进学生的身心健康，教师必须要拥有健康的身心。特殊教育教师在工作中面临着巨大的身心考验，一方面要面对社会对特殊教育的成见甚至歧视，另一方面，由于学生类别增多和障碍程度增加带来的教育难度增加，给特殊教育一线教师带来困扰，还有劳动成果的滞后性，要求特殊教育教师要有坚定的信念、坚强的毅力和良好的耐挫能力，还要具备调整心态、保持情绪稳定的心理品质。特殊教育教师发展性评价的重点就是教师的德性、教育的理念和心理品质，而这些内容很难直观看到，需要借助专门的测评技术，需要长时间、长周期的观察。从这些内容来看，教师招聘必须要在入口关上加大对这些内容的测评，以便为特殊教育教师入职后的评价减轻压力，降低因为甄选不到位而导致工作中出现问题的风险。基于本研究，在德性、教育理念和心理品质三项评价的内容中，笔者认为应该将职业人格作为评价的内容。职业人格的内容是基于对特殊教育工作的分析，以及对特殊教育教师人格特质的分析得出的结论，对职业认同感、工作绩效都有很高的预测效应。一个具备与特殊教育工作相匹配的职业人格特质的教师，在师德、心理品质方面都会达到比较高的水平。所以基于特殊教育教师评价的维度，本研究认为在特殊教育教师的招聘中应该将职业人格作为基本的内容。

10.4 特殊教育学校校长的领导力

校长是一所学校的最高行政负责人，对内要负责整个学校的教育、教学及其他行政事务的全面管理，对外要代表学校，具有法人资格。校长在学校里是一个特殊的角色。从其地位上来说，校长对学校的发展具有引领性，校长处于学校管理结构的顶层，制订学校的规划，组织、落实、反馈、协调都需要校长牵头来完成才能形成教育的合力。校长的引领性作用发挥得越好，学校的治理水平就越高。从校长角色的目标性来看，校长与其他行业的单位负责人有很大的不同——校长所有的工作最终落脚点是育人，学校的发展目标、组织目标，以及个人目标都必须服务于育人这个核心目标，也要通过育人目标的落实才能达到这些目标。从校长所承担的义务来看，校长的角色具有多样性，既要对内处理协调各种关系，对学生、对家长、对老师负责，对外又要对上级、对社会负责。校长除了具体的角色要求外，还有一个形象的要求。在中国所有的行业里，只有两个行业专门提出了职业道德的要求：一是师德，二是医德。可见，教师这个职业对人的道德水平的要求是很高的，而校长作为教师的领头人，要担当好这个角色，就必须要有更高的要求，要发挥好言传身教的作用。

在特殊教育学校的管理中，校长也同样要发挥上述的角色功能。但作为中国的特殊教育学校的校长，在新时代如何引领好学校的发展、如何打造一支优秀的教师队伍，需要进行专门的讨论。在我国，由于特殊教育发展的历史不长，发展相对滞后，特殊教育学校的校长来源多样，有相当一部分来自普校，毫无特教背景，有部分是有特殊教育背景，是经过长期基层的锻炼成长起来的。校长是否是科班出身，对于一所学校的发展有一定影响，但能否将一所特殊教育学校办好，最关键的因素不是专业背景，而是工作的理念和思维方式。由于教育对象的差异，特殊教育学校在课程、教学过程、教学方式及教学环境等方面与普通学校有很大的差异，甚至在家长的心理状态、社会对学校的期待上都有差异，作为特殊教育学校的校长，需要具备什么样的理念和思维方式才能更好地实现学校的持续发展？基于本项目的研究，笔者认为新时代特殊教育学校的校长除了基本的管理素质外，还应该具备以下四种特殊的素质。

10.4.1 特殊教育学校校长应该具有更开放的观念

相比于普通教育，特殊教育无论是自身内部，还是在整个社会中都是相对封闭的状态，这与特殊教育发展起步晚、发展水平低有密切关系。特殊教育不仅代表着一个地区教育发展的水平，也是一个地区社会文明程度的标志。特殊教育要得到良性的、持续的发展，作为特殊教育学校的校长，一定要有开放的观念。首先，要从认识上接受特殊儿童的出现是人类发展过程中的必然，既是一种自然现象，也是一种社会现象，特殊儿童作为社会的一分子，基于人的生命存在，他们享有作为人的一切权利，拥有人类的尊严。因此，特殊教育"本质上是一种唤醒人的生命意识，启迪人的精神世界，建构人的生活方式，以实现人的价值生命的活动（郭元祥，2002）。"特殊教育的存在和发展既是文明社会的体现，也是文明社会的需要，特殊教育学校承担着特殊儿童的教育任务，是社会赋予的使命，也是教育工作者的责任。特殊教育工作者不仅要为特殊儿童的发展提供学习的指导，还应该努力为特殊儿童"能生存下去、充分发展自己的能力、有尊严地生活和工作、充分参与发展、改善自己的生活质量（赵中建，1996）"奠定基础。其次，要从思维上解放，既要充分认识特殊教育的"特"，又要敢于打破特殊教育的边界，让特殊教育进入科学理性的轨道上，大胆运用最新的科学研究理论成果来支持和推动特殊教育的发展。最后，要以开放的观念来看待特殊教育教师的工作，既要看到现实中老师们面临的困难、专业发展的水平，又要看到未来特殊教育的前景，为老师们的发展建立愿景，搭建平台，促进老师们良好的人格塑造。哲学人类学认为，人具有未完成性，人永远不会变成一个人，它的生存是一个无止境的完善过程和学习过程。校长要充分认识到人的发展和成长的无限性，这样就可以从更长远的时间维度上来看待问题，也就能更加理解学生和教师发展的需要，从而更主动地为老师的发展搭建平台，促进老师人格的发展。

10.4.2　特殊教育学校校长应该具有更平和的心境

在社会变革如此迅速的时代，每个身处其中的个体都面临着巨大压力，在工作中保持平和的心境对于每个人来说都是努力追求的目标。特殊教育学校是一个普通的社会单位，但却有其显著的特殊性。学校里的学生是特殊的，老师的工作也是特殊的。从特殊教育的发展历史来看，特殊教育进步始终与人权的进步紧密相连，特殊教育的教育民主化的过程不仅会促进特殊儿童获得更多受教育的机会，也会使其获得更多与民主有关的教育。随着社会文明程度的提高，特殊教育学校老师们的工作受到全社会越来越多的关注，国家的政策支持力度也在不断加大，特殊教育发展的前景越来越光明，很多因素都在朝着更好的方向变化，特殊教育教师得到的支持也越来越多。但无论特殊教育发展的形势如何变化，对于特殊教育教师而言，都必须要面对工作中因学生身心障碍带来的发展水平低下和发展规律认识不足等诸多困难，特殊教育教师很多时候的工作就像医生面对癌症或突发的大传染病一样，只能用有限的知识和能力来应对充满未知的情境。在这种情境下，每个特殊教育教师都或多或少会存在对自己工作价值的怀疑，都会出现倦怠，如何帮助一线的特殊教育教师们持续面对这种情境，并获得平和的心态呢？校长是关键，校长要对特殊教育工作本身的特点进行深入的研究，并从理论和实践上进行深入的思考。在此基础上，校长首先要不断调整好自己的心态，让自己能在工作中拥有平和的心态，才能帮助和引导老师们理性看待自己的工作，才能让老师们相信工作的价值，相信可以用平和的心境来完成日常的工作。很多时候，特殊教育学校的校长就是老师们的心理按摩师。

10.4.3 特殊教育学校校长应该具有更坚忍的意志

特殊教育学校的校长也是普通人，但在工作中，他们比很多普通人会多一份坚忍的意志品质。如果从普通教育的视角来看，特殊教育的收益是比较低的。特殊教育教师要投入大量的时间，耗费大量的精力，但孩子的进步却要比普通孩子小得多，即使是在启聪学校、启明学校，学生能达到的文化知识水平总体上也要比普通学校低很多。特殊学生的成长和发展是一个漫长的过程，在学校接受教育训练的过程只是这个漫长过程中的一部分，而这部分却对特殊孩子的发展影响重大。这个过程中，老师们要付出很多的时间和精力来教育特殊孩子，短时间内老师们看不到明显的回报，这种状态持续下去，会影响家长的情绪，也会影响教师的情绪，从长远来看，会影响一个团队对工作的价值的认可。在这个时候，学校的工作最重要的就是要坚信一定能帮助到学生、会促进学生的发展，而且要坚持不断地推动课程改革、改进教学方法，校长要面对工作中的压力和阻力，勇敢向前，这就需要校长具备坚韧的意志力！除了在校内的管理工作中，校长要展现出坚韧的意志力外，对于特殊教育在区域内发展可能面临的阻力，以及特殊教育本身面临的各种阻力，校长作为特殊教育工作者中特殊的一员，也要有坚韧的毅力去应对，直到特殊教育不断开出灿烂的花朵。

10.4.4 特殊教育学校校长应该更具有奉献的精神

现代社会职业分工越来越细，但无论怎样划分，每个职业都需要爱心和奉献精神，这一点是毫无疑问的。特殊教育工作是一个需要大量时间的工作，但并不是一个比时间跑得快就一定能赢的工作。身在一线的特殊教育工作者们花费大量的时间来教育和训练特殊学生，到头来老师们会发现，不是花费时间就可以改变一切的，很多时候，老师们要面对无奈的事实。

特殊学生，特别是精神发育障碍的学生，由于自我意识水平低下，未能建立基本的行为规范，没有形成自我保护的意识，在工作中自我伤害、伤害同学和老师的情况经常发生，因为缺乏自理能力，经常需要老师擦屎、擦尿、擦鼻涕，面对这些工作，老师们需要的就不仅是专业的方法，还需要奉献的精神，需要面对现实，愿意付出，发自内心地愿意关爱和帮助学生。作为特殊教育学校的校长，带领一群老师在教育特殊学生的过程中，首先要具有这种奉献的精神，能从学生的水平出发，能基于学生的需要来付出自己的时间和精力，长期投入到工作中。这种奉献的背后往往收不到明确的回报，但还是要愿意为老师和学生，让自己沉浸在工作中。校长的奉献精神，在很大程度上不是体现在对某个具体的学生或老师付出了多少时间，而是为学生和老师的发展付出自己的所有心力。

笔者在研究的过程中寻访过一些特殊教育学校的校长，也在工作中接触过很多特殊教育学校的校长，坦白讲，在一个地区特殊教育学校校长的岗位没多少人愿意去做，可以说，特殊教育学校校长的职位对于很多身在其位的校长们而言也不是最理想的选择。但很有意思的是，很多校长会在担任特校校长前后发生鲜明的变化。成为特殊教育学校校长之前，大多是抗拒的、不接受的，但一旦成了特校校长，就变得非常投入。这其中与特殊教育工作本身的特点是密不可分的，校长们的转变其实折射出特殊教育变革的困境和希望。特殊教育学校的校长也是普通人，但他们在教育这个职业中承载了很多的期待，也承担着很大的压力。特殊教育学校的校长如何突破重围，成为一个新时代教育的骄子，体会到教育本身带来的成就感，笔者认为自我的成长至关重要，打造出一支适合特殊教育、胜任特殊教育工作的教师队伍是制胜的法宝。

第11章　特殊教育教师的专业发展

　　笔者也是一名特殊教育教师，在完成本研究的过程中得到了很多素不相识的特殊教育教师的帮助，在感激之余，笔者经常思考的是作为一名一线的特殊教育教师该如何塑造自我，让自己更加适合特殊教育的工作。

　　其实很多时候，一线的老师们关注的点，大多是如何提升自己的专业能力，因为，让很多老师特别是年轻老师感到困惑的不是自己与特殊教育的关系，而是眼前如何应对教育教学的压力。正是因为这一点，很多一线的特殊教育教师，还有大学和科研机构的专业人员最关注的是特殊教育教师的专业化，以及如何丰富特殊教育教师的专业知识，提升他们的专业能力。从工作的需要和现实出发，关注和支持特殊教育教师的专业发展是非常必要的。然而，若将特殊教育教师的发展放置在整个特殊教育发展的大背景中，并着眼未来，我们就会发现，最终从核心上影响特殊教育教师的工作成就感和幸福感的是特殊教育教师的职业人格。职业人格是基于个体的人格发展而来的，职业人格的形成是一个选择和建构的过程。特殊教育教师如果能在工作中得心应手，或在工作中没有遇到心理的障碍，就说明该教师已经具备与特殊教育工作匹配的基本的职业人格。但对于特殊教育教师的职业生涯而言，具备基本的职业人格特质只是能胜任特殊教育工作、获得职业幸福感的前提。那么，如何为自己的职业发展塑造更好的人格品质呢？基于本研究的相关结论，笔者对一线特殊教育教师提出如下建议供讨论。

11.1　坚持学习，完善自己的职业人格

相比于医生、律师、建筑师等行业，教师行业整体的专业化水平处于较低的水平，而属于教育体系的特殊教育整体专业化的水平基本上处于起步阶段。无论是即将成为还是已经成了一名特殊教育教师，学习是一件非常重要的事。在过去很长一段时间，甚至现在，很多人甚至很多特殊教育工作者都在夸大爱心的作用，并用爱心来标定特殊教育的性质，也用爱来衡量特殊教育教师的价值。人类进入现代文明，社会分工造就了不同的职业，每个职业都需要爱心作为从事这个职业的前提条件，应该成为全社会的共识，特殊教育职业不应例外，特殊教育教师也不应例外，所以，从事特殊教育职业，具有爱心是一个基本要求。当然，从职业人格的研究来看，作为一种人格特质，是否具有对弱者的同情，愿意为弱者付出时间、金钱、智慧甚至生命，这些需要甄选，需要培育。但是承认爱心在特殊教育工作中的特殊意义，并不应该妨碍我们思考新时代特殊教育教师成长的方向。前文已经论述过，对于一线的特殊教育教师而言，工作中最大的困难是要面对太多的未知，要用有限的知识和能力来赢取学生并不显著的进步，满足家长和社会日益增长的期待。基于本研究的结论，未来的特殊教育教师一定要经过选拔，选择那些更适合特殊教育的人进入这个行业，选拔的维度就是职业人格。一个特殊教育教师具备基本的职业人格、达到从事特殊

教育工作的基本标准只是开始，在实际的工作中，将会遇到很多现实的问题，而且会持续不断地出现新的问题，应对这些问题的过程就是人格塑造的过程，如何让自己成为更适合特殊教育的教师呢？笔者认为，学习是一条让自己成为更好的自己的捷径。作为一名专业人员，特殊教育教师的职责就是要在实践中解决各类特殊孩子的各种问题，帮助他们成长，进入社会，融入社会。特殊教育教师要履行好这份职责，就必须持续不断地学习，因为解决现实问题的法宝就在那些专业书籍中，就在那些学者专家的报告中，就在同事们的经验总结里。学习可以让特殊教育教师开阔眼界、获得技能，从而可以更好地应对工作中的问题，提高工作的效益，而这个过程，就是在帮助老师们提高自我效能感。有效能感的老师，会体验到工作的价值，也就会更有工作的进取心。学习会让自己增长知识、提高能力，也会让自己更加客观地看待自己，这会让老师的心态更加平和，更好地体味特殊教育的意义和价值，也就会让老师更有事业心，更有奉献精神，更有机会体验对特殊孩子的爱。特别要强调的是，学习是自己的事，作为一名特殊教育教师，日常工作繁重，在忙碌之余还要坚持学习，的确会有困难，但你要相信，一旦将学习变成了自己的生活方式，你就会发现学习会很好地塑造你。当然，前提是你的学习是从工作实际出发的，你的学习选对了方式。

11.2　坚持反思，深刻认识特殊教育的价值

所谓反思，就是回头、反过来思考的意思。反思的目的是思考过去的事情，从中总结经验教训。叶澜教授说："一个教师写一辈子教案难以成为名师，但如果写三年反思则有可能成为名师。"可见，对于一名教师而言，反思是多么重要！人与动物之间的一个重要差别就是人能够反身自认，

也就是说人是有自我意识的。马克思主义哲学强调要发挥人的主观能动性，反思，其实就是人的主观能动性的重要体现，也是人不断塑造自我的前提和方法。在特殊教育一线，我们经常看到的现象是很多老师，特别是年轻的老师们陷入工作的琐碎中，随着时间的推移，开始出现焦虑、倦怠，出现这种情况的根本原因是没有找到应对工作中压力的方法。面对工作中的困难，有压力是很正常的，但如果压力持续时间太长、强度太大，就会对身心造成不利影响。而解决这个问题的方式，除了前面说的坚持学习外，笔者认为，反思是一种很重要的方法，因为，我们要解决问题必须要面对问题，前提是要接纳问题的存在，然后才可以对问题进行思考，反思其实就是这样一个过程。反思之所以会发挥重要作用，是因为反思是自主的，是由教师主动做出的思考，且思考的对象是工作，内容是工作中存在的问题。既然反思的内容是工作中的问题，会不会造成特殊教育教师的挫败感呢？有可能，但只要持续反思，只要以解决问题为目的进行反思，就不会让老师出现挫败感，相反，会让老师以更理性的态度来面对工作中的问题，这会有助于解决问题，进而提高老师的"效能感"，也会让老师体验到工作的价值。同时，反思的过程是一个梳理工作的过程，是一个自我问答的过程，这个方式会让特殊教育教师焦虑的情绪逐渐平复，有利于老师的心境调节，同时也会让老师在思考的过程中，发现问题的同时看到进步，这会激发老师的进取心。"教育是因为人的生命而存在，生命的生长需要才是教育的基本内容（冯建军，2004）。"特殊教育的责任在于不断提高人对自身价值的认识，提高人对人、对人与社会、对人与自然关系的认识（盛永进，2011）。持续的反思，还会让老师养成一种问题导向的思维习惯，并对特殊教育工作本身形成更加系统和深入的体会，从而加深对特殊教育工作本身的价值的认识，也会加深自己作为特殊教育工作者的价值感的体会，这会有助于培养特殊教育教师对工作的奉献精神和事业心。反思课堂和教育场景中与特殊孩子相处的过程中自己的行为是否恰当，反思教育行为与学生反应之间的关系，会加深老师和学生之间的感情，也会激发老师对学生的同情，激发老师对学生的爱心。反思还会让老师们检讨自己的行为，从而约束自己的行为，提高自身的"自控力"。

11.3　坚持实践，不断提升自我效能感

本研究发现，特殊教育教师的职业人格结构包含了7个维度，这7个维度既是对即将从事特殊教育工作的人员的入门基本标准，也是已经进入特殊教育学校工作的一线教师成长努力的方向。从适合的特殊教育教师成为优秀的特殊教育教师，不断塑造自己的人格，朝着更加契合特殊教育职业的目标，更加完善，更加稳固，是每个特殊教育教师都要思考和实践的命题。特殊教育教师的工作过程是一个与特殊孩子互动的过程，在这个过程中，老师要观察学生，为学生的发展设计教学情境，并在教学情境中扮演引导者、示范者、反馈者的角色，这个过程不断发生，日积月累，学生会得到发展、不断成长。事实上，老师的成长也来自这个过程。我们强调特殊教育教师一定要坚持实践，是因为认识特殊教育的规律、接纳特殊儿童，都必须要融入特殊学生的学习生活中。只有和特殊学生打成一片，老师才能体会特殊教育的艰辛，也才能感受自己付出以后学生成长带给自己的价值感和幸福感，也才能有机会与学生建立感情。没有真正的感情作为基础，对特殊学生的爱和同情、对特殊教育工作的热爱和投入就缺乏真正的基础，也就很容易变异成爱心秀，也经受不起时间的考验。我们强调一定要多实践，多花时间在课堂教学中，在日常训练中与特殊学生多互动，这不仅是从特殊教育教师教学能力的提升方面提出建议，更是从特殊教育教师人格构建的角度给予的建议。特殊教育教

师是一项实践性要求很强的职业，优秀的特殊教育教师从教育实践中建立了对学生的真感情，在教学问题的解决中提升了效能感，在工作任务的完成中感受到了成就感。教育教学实践对特殊教育教师而言是非常重要的，但在现实中，我们会发现很多老师并不愿意花太多的时间去和学生打成一片，有的老师觉得没必要，有的老师觉得太累，这样的认识都是错误的。特殊教育工作是一个需要付出大量时间和智慧才能取得微小成绩的工作，老师要想获得成就感，时间的投入是必要的，且必须是大量的，这些时间只有投放到教育教学的实践中才能源源不断地产生工作体验，才有可能在反思后解决问题，才有可能将自己沉浸在工作中。因此，坚持教育教学实践对特殊教育教师而言是塑造自我的炼钢炉，是看清自己的镜子，也是对学生和工作建立真感情的最生动的场景。

11.4　学会分享，做情绪的主人

据统计，截至2018年底，我国特殊教育专任教师的数量达到了5.87万。从新中国成立以来70余年特殊教育的发展历程来看，2018年底的特殊教育教师数量已经有了历史性的突破。但如果与普通教育教师的数量相比较，特殊教育教师的群体非常小，且非常分散，一般在一个县或区只有一所特殊教育学校，甚至有些地区还达不到这个标准。从人数和地域的分布上说，特殊教育教师是一个孤单的群体。由于特殊教育教师的人数较少，且分布在不同地域，平时特殊教育教师之间的交流就不像普通学校那样频繁，再加之各地特殊教育理念的差异、课程的不同，对交流的意愿和方式也会产生影响。实际上，特殊教育教师是一个非常需要交流和分享的群体。从专业发展的角度来说，就像医生需要交流病例来探讨治疗方案提升医术一样，特殊教育学校教师需要通过更多交流来探讨特殊儿童教育的方案，提升教育教学能力，这是由特殊学生的身心发展特点和发展水平决定的。交流分享的过程会帮助特殊教育教师获得有价值的专业信息，也会在交流中对自身的专业能力做出更客观的自我评价，这个过程既有助于特殊教育教师提高自身的能力，也有助于在情感上形成支持，帮助一线特殊教育教师克服焦虑情绪。除了专业方面的影响外，特殊学校内老师之间的交流和分享，以及特殊教育学校之间，还有特殊教育学校和普通学校之间老师的交流和分享都会有助于特殊教育教师释放压力，获得同伴支持。在这里，笔者提倡交流，但更主张分享，分享不仅是交流，为了与同事和同行分享，特殊教育教师需要对自己的工作进行总结，需要展示自我成功的地方，这会促使特殊教育教师主动改进工作，也会促使特殊教育教师学会倾听别人的意见。这个过程是一个教师专业群体内部的交流互动，也是特殊教育教师打开心灵，释放负面情绪的过程。在信息技术不断发展的背景下，对于特殊教育教师而言，分享的方式有很多种，比如开通个人微博，将自己工作中的经验总结发表出来，将研究成果发布出来与同行分享；还可以通过微信订阅号等平台及时与同行交流；另外，参加学术会议、参加教研会议、发表论文等方式也是分享的一种有效方式。当然，除了学术方面的分享外，我们还特别强调，特殊教育教师要有自己的"小圈子"，与圈子里的朋友们多分享自己的心路历程，多分享工作中的喜怒哀乐，这会很好地缓解压力，也会在交流中获得更丰富的对特殊教育工作观念，强化对特殊教育工作的认同、对自己角色的认同，进而会提升老师的"事业心"，获得更加平和的心境。

11.5 学会合作，保持积极的进取心

特殊教育专业本身就是一个交叉学科，需要运用到教育学、心理学、

生理学、信息技术等学科，作为特殊教育教师，要完成日常的工作，不仅需要具备多学科的能力，还需要学会与同行进行合作。在特殊教育学校，尤其是培智学校和自闭症学校，学生的教育需要老师之间的全程、全员合作才能完成，对此，老师们都深有体会。相比于普通学校，特殊学校学生的差异大，发展速度缓慢，单单依靠某个老师的教学很难见到效果。另外，特殊学生的学习特点也决定了老师之间必须要加强合作。特殊学生的学习不止在课堂上，还在课间、生活中，只有将所有的时段、所有的情境都统筹起来，整体设计，合理安排，才能让学生的学习无缝隙，不间断，要做到这一点，学校必须要建立其教育教学工作的整体协调机制和合作机制。特殊教育学校老师之间的合作既是学校整体工作的需要，也是每个老师内在的需要。前文已经论述过，在特殊教育工作中，老师们面临的最大困难和考验就是要面对工作中的很多未知情况，一方面，老师个人能力有限，对于工作中遇到的很多问题一时间很难解决；另一方面，从整个特殊教育发展来看，未来专业化的路还很长，有很多问题在短时间内很难得到解决，这也会导致一线的特殊教育教师在很多教育问题上面临很大困难。这种状况如果持续下去，就会让老师感到焦虑、有压力，对于这种压力，可以通过与其他老师的交流来缓解，但若要彻底解决这个问题，就必须要提升自己的能力。对于每个特殊教育一线的老师来说，合作既可以缓解心理的压力，又可以增强解决问题的信心，还能得到很多切实的帮助。我们强调加强合作，不是为了完成某项工作的需要，而是提倡所有的特殊教育教师要有合作的意识、建立合作的平台，让自己在工作时始终处于团队中，这对于老师们提高工作效能感会有很大的帮助，也会对老师的心态调整起到积极的作用。

参考文献

［1］班永飞，刘成玉．特殊教育教师职业倦怠对生活质量的影响：社会支持的中介作用［J］．中国特殊教育，2012（10）：61-66．

［2］班永飞，孙霁，白冰玉．特殊教育教师职业承诺对职业倦怠的影响：教学效能感的调节效应［J］．中国特殊教育，2019（8）：34-40．

［3］贝姆·P．艾伦．人格理论（第五版）［M］．上海：上海教育出版社，2011．

［4］陈方．近年来我国教师专业化研究综述［J］．中小学管理，2005（2）：46．

［5］陈菊明．教师人格形象对学生人格形成的影响［J］．陕西师范大学学报（哲学社会科学版），2005（S1）：188-189．

［6］陈少华．人格心理学［M］．广州：暨南大学出版社，2010．

［7］陈士杰．教师的教育人格［J］．教育发展研究，2006（14）：36-38．

［8］陈宜安．职业经理人的人格特质研究［J］．经济管理，2006（10）：39-43．

［9］程巍. 教师职业认同与其职业人格倾向性——以高等师范教育专业
学生为例［J］. 当代教育科学，2008（17）：56，58.

［10］程巍. 中小学教师的职业人格倾向性及其与教学行为的关系［J］.
滨州师专学报，2000（3）：82-85.

［11］丁相平，崔艳萍，魏雪寒. 山西省智障儿童教育师资队伍现状的调
查研究［J］. 教育理论与实践，2012（8）：23-25.

［12］丁勇. 专业化视野下的特殊教师教育——关于特殊教师教育培养目
标和培养模式的研究［J］. 中国特殊教育，2006（10）：69-73.

［13］董吉贺. 教师职业人格：价值与养成［J］. 中国科技信息，
2007（18）：260，262.

［14］杜安·舒尔茨，西德尼·艾伦·舒尔茨. 人格心理学——全面、科
学的人性思考［M］. 北京：机械工业出版社，2016.

［15］杜晓鸣，贾玉新. 心理类课程教学中准幼儿教师良好职业人格的塑
造［J］. 课程教育研究，2016（16）：149.

［16］Fred C，Lunenburg，Allan C，Ornstein. 教育管理学概念与
实践（第五版）［M］. 朱志勇，郑磊主，译. 北京：中国轻
工业出版社，2013.

［17］方俊明. 特殊教育学［M］. 北京：人民教育出版社，2005.

［18］冯建军. 生命与教育［M］. 北京：教育科学出版社，2004.

［19］冯维，裴佩，曹燕. 特殊教育教师与普教中小学骨干教师人格特征
比较研究［J］. 中国特殊教育，2008（6）：58-62.

［20］傅伟忠，翟正方. 小学教师心理健康水平及其人格特征的相关研
究［J］. 中国校医，2000（4）：248-250.

［21］顾波，韩宜. 关于马克思职业人格理论的探讨［J］. 理论界，2014

（1）：7-9.

［22］顾定倩，杨希洁，江小英. 从政策解读我国特殊教育教师专业标准的建构［J］. 中国特殊教育，2004（3）：70-74.

［23］顾明远. 教师的职业特点与教师专业化［J］. 教师教育研究，2004（6）：3-6.

［24］郭号林，李燕. 高校教师招聘问题探析与对策研究［J］. 长春工业大学学报（高教研究版），2015（2）：55-57.

［25］郭金虎. 我国教师资格准入制度的法律审视——兼论教师法、教师资格条例的修改［J］. 重庆第二师范学院学报，2013，26（2）：106-109.

［26］郭璐露. 特殊教育教师职业倦怠的现状及其与工作特征的相关研究［J］. 中国特殊教育，2008（1）：22-27，42.

［27］郭永玉. 人格心理学人性 - 及其差异的研究［M］. 北京：中国社会科学出版社，2005.

［28］郭元祥. 生活与教育［M］. 武汉：华中师范大学出版社，2002.

［29］国务院办公厅. 国务院办公厅关于转发教育部等部门特殊教育提升计划（2014—2016 年）的通知 [EB/OL]. [2014-01-08]. http：//www. gov. cn/gongbao/content/2014/content_2574740. html.

［30］韩向前. 我国中小学校教师人格特征研究［J］. 心理学探新，1989（3）：18-22.

［31］何二毛. 探寻教学中的师生"精神相遇"［J］. 高教探索，2014（5）：132-136.

［32］侯晶晶. 关怀德育论［M］. 北京：人民教育出版社，2005.

［33］侯秋霞. 论教师职业人格的层次及其提升策略［J］. 课程·教材·教

法，2012，32（6）：108-112.

[34] 胡维芳，蒋超. 高职生职业人格特征的调查与分析 [J]. 职业技术
教育，2014，35（8）：81-85.

[35] 胡颖. 福建省特殊教育教师的职业倦怠、社会支持和应对方式的现
状及关系研究 [D]. 福州：福建师范大学，2008.

[36] 黄鸿鸿. 高校教师职业人格的培育 [J]. 闽江学院学报，205，
25（1）：130-133.

[37] 黄希庭. 人格心理学 [M]. 台北：台湾华东书局，1999.

[38] 黄耀宁，吴建玲，谭健烽. 医学生职业人格特质的调查分析 [J].
中国高等医学教育，2007（8）：5-6.

[39] 蒋超. 高校教师职业人格问卷编制及其初步应用 [D]. 西宁：青
海师范大学，2015.

[40] 教育部. 《关于加强特殊教育教师队伍建设的意见》发布 [EB/OL].
[2012-12-13]. http：//www. gov. cn/jrzg/2012-12/13/content_2289807.
htm.

[41] 教育部. 2018 年全国教育事业发展统计公报 [EB/OL]. [2019-
07-24]. http：//www. moe. gov. cn/jyb_sjzl/sjzl_fztjgb/201907/
t20190724_392041. html.

[42] 教育部. 教育部关于印发《特殊教育教师专业标准（试行）》的通
知 [EB/OL]. [2015-08-26]. http//www. moe. gov. cn/srcsite/A10/
s6991/201509/t20150901_204894. html.

[43] 教育部等七部门. 教育部等七部门关于印发《第二期特殊教育提升
计划（2017-2020 年）》的通知 [EB/OL]. [2017-07-18]. http//www.
moe. gov. cn/srcsite/A06/s3331/201707/t20170720_309687. html.

［44］教育部等五部门. 教育部等五部门关于印发《教师教育振兴行动计划（2018—2022 年）》的通知 [EB/OL]. [2018-03-22]. http//www. moe. gov. cn/srcsite/A10/s7034/201803/t20180323_331063. html.

［45］教育部师范教育司. 教师专业化的理论与实践第 2 版［M］. 北京：人民教育出版社，2003.

［46］兰继军. 论西部特殊教育教师的素质及其提高策略［J］. 中国特殊教育，2004（7）：65-68.

［47］雷江华. 特殊教育学［M］. 北京：北京大学出版社，2011.

［48］李崇爱. 我国中小学教师招聘政策违法乱象检视［J］. 中国教育学刊，2016（2）：12-16.

［49］李东斌，邝宏达. 中学骨干教师人格特质、一般自我效能感及其关系［J］. 心理学探新，2010，30（1）：63-67，96.

［50］李季平. 上海市特殊教育学校教师心理健康状况的调查及原因分析［J］. 特殊教育研究，2001（4）：5-9.

［51］李里. 公平而有质量的特殊教育，关键在于教师［J］. 昆明学院学报，2019，41（5）：33.

［52］李乃勇. 教师职业人格的教育价值与养成策略［J］. 中国教育技术装备，2010，（27）：16-17.

［53］李鹏程. 当代文化哲学沉思［M］. 北京：人民出版社，1999.

［54］李艳，昝飞. 英国特殊教育教师资格准入制度述评［J］. 外国教育研究，2009（7）：18-21，33.

［55］连坤予，谢姗姗，林荣茂. 中小学教师职业人格与主观幸福感的关系：工作投入的中介作用［J］. 心理发展与教育，2017，33（6）：700-707.

［56］连榕，邵雅利. 关于教师职业承诺及其发展模式的研究［J］. 教育评论，2003（6）：26-28.

［57］连榕. 教师专业发展［M］. 北京：高等教育出版社，2007.

［58］梁建平，龙家勇，常金栋，等. 我国中、小学体育教师职业人格结构研究［J］. 体育科学，2010，30（12）：55-63.

［59］梁丽萍. 企业职工职业人格发展研究［J］. 生产力研究，2001（1）：138-141.

［60］廖关玲，连榕. 新手—熟手—专家型教师成就目标定向与人格特征的研究［J］. 应用心理学，2002，8（4）：41-4.

［61］林崇德，俞国良. 论心理学视野中的学校精神［J］. 北京师范大学学报（社会科学版），1996（1）：3-13.

［62］林英典. 试论教师的职业人格［J］. 教育导刊，2010（7）：51-53.

［63］刘佰桥，方俊明. 我国特殊教育教师职业倦怠研究现状述评［J］. 绥化学院学报，2015，35（1）：16-19.

［64］刘佰桥，赵华兰. 黑龙江省特殊教育教师职业倦怠状况及原因分析［J］. 绥化学院学报，2015，35（4）：15-18.

［65］刘恩允，杨诚德，张震. 教师人格的内涵及其教育价值［J］. 教育探索，2002（4）：97-99.

［66］刘恩允. 杨诚德. 教师人格对学生影响的相关性研究［J］. 山东师范人学学报，2003，48（5）：103-107.

［67］刘焕平. 教师人格的规范与修养［J］. 锦州师院学报（哲学社会科学版），1992（1）：7-10，20.

［68］刘丽红. 教师人格特质及其对职业成就的影响［J］. 心理科学，2009，32（6）：1462-1464，1429.

［69］刘全礼. 特殊教育导论［M］. 北京：教育科学出版社，2003.

［70］刘在花. 社会支持在特殊教育学校教师工作家庭冲突与职业承诺之间的调节作用［J］. 中国特殊教育，2011（2）：9–13，24.

［71］刘在花. 特殊教育学校教师职业承诺的现状与特点研究［J］. 中国特殊教育，2009（7）：67–72.

［72］刘在花. 特殊学校教师职业枯竭特点的研究［J］. 中国特殊教育，2006（4）：71–75.

［73］龙立荣，李霞. 中小学教师的职业承诺研究［J］. 教育研究与实验，2002（4）：56–61.

［74］龙兴海. 锻造崇高的心灵美和人格美——人民教师道德和道德修养浅见［J］. 怀化师专学报，1983（Z1）：22–27.

［75］卢传裔. 教师服从人格初探［J］. 教学与管理，1988（3）：7–10.

［76］罗高峰. 浅谈职业人格教育［J］. 蒙自师范高等专科学校学报，2000（3）：45–48.

［77］马芳. 陕西省特殊教育教师职业倦怠现状的调查研究［J］. 绥化学院学报，2011，31（2）：5–7.

［78］马兰芝. 论高师生职业人格培育［J］. 松辽学刊（社会科学版），1996（2）：102–104.

［79］马秋枫. 众里寻他千百度——对21世纪新闻工作者职业人格的探讨［J］. 现代传播，1999（2）：37–38.

［80］梅玲. 特殊职业教育教师胜任力研究［D］. 上海：上海师范大学，2009.

［81］梅新林，吴锋民. 中国教师队伍建设问题与建议—基于天津、吉林、江苏、浙江、河南、贵州、甘肃七省（市）的调研［M］. 北京：

中国社会科学出版社，2011.

［82］梅余奇，周艳. 中小学教师的职业倦怠与人格特质的相关研究［J］.
成人高等研究，2008，105（2）：34-38.

［83］潘晓益. 智力落后学生家长对辅读学校的态度调查［J］. 中国特殊
教育，2006，76（10）：40-44.

［84］庞松男. 我国基础教育教师招聘理论研究［J］. 高教学刊，2015（15）：
188-189.

［85］朴永馨. 世界教育大系·特殊教育［M］. 长春：吉林教育出版社，
2000.

［86］朴永馨. 特殊教育词典［M］. 北京：华夏出版社，1995.

［87］商秀梅，李高明. 6所特殊教育学校教师心理健康状况调查［J］.
中国听力语言康复科学杂志，2007（5）：54-56.

［88］申仁洪，林欣. 重庆市特殊教育教师心理健康与社会支持研究［J］.
中国特殊教育，2007（6）：80-83.

［89］深堀元文. 图解心理学［M］. 天津：天津教育出版社，2007.

［90］盛宾. 教师角色冲突的成因及其应对措施［J］. 郑州大学学报（哲
学社会科学版），2005（2）：149-152.

［91］盛小兰. 教师职业人格谈［J］. 天中学刊，1998（S1）：113.

［92］盛永进. 特殊教育学基础［M］. 北京：教育科学出版社，2004.

［93］盛永进. 特殊教育学基础［M］. 北京：教育科学出版社，2011.

［94］石学云. 特殊教育教师胜任力研究. 北京：教育科学出版社，2012.

［95］石学云. 我国特殊教育教师胜任特征模型研究［J］. 教育研究，
2015：79-85，103.

［96］宋剑祥. 国外职业人格测评研究回望［J］. 辽宁高职学报，2013（5）：

102-106.

［97］宋婧杰，李元薇，黄海量．济南市特殊教育教师职业倦怠与人格特征关系研究［J］．科教文汇（上旬刊），2013（8）：26，38.

［98］苏鹏鹏．特殊教育教师职业承诺研究［D］．西安：陕西师范大学，2014.

［99］苏永华．人才测评概论［M］．北京：中国人民大学出版社，2011.

［100］汤盛钦．特殊教育概论——普通班级中有特殊教育需要的学生［M］．上海：上海教育出版社，1998.

［101］唐丹．国内特殊教育教师职业倦怠述评［J］．绥化学院学报，2013，33（4）：35-39.

［102］田秋梅．特殊教育学校教师职业承诺研究［J］．黑河学院学报，2015，6（1）：90-92.

［103］田学红，周厚余，陈登伟．特殊教育教师情绪劳动状况调查［J］．中国特殊教育，2009（8）：50-56

［104］汪碧云．特殊教育师资胜任力模型建立及初步应用［D］．温州：温州大学，2013.

［105］汪明帅，谢赛．基于教师入职标准的教师准入制度：国外的经验与启示［J］．教育发展研究，2011，31（8）：53-58.

［106］汪斯斯，雷江华．中美特殊教育教师专业化发展之比较［J］．现代特殊教育，2007（6）：35-37.

［107］王芙蓉，张亚林，杨世昌．军官职业人格量表的初步编制［J］．中国临床心理学杂志，2006（3）：224-226.

［108］王辉，李晓庆，熊琪，等．多维视野下特殊教育教师职业素质模型的建构［J］．中国特殊教育，2015（11）：36-42.

［109］王江洋，崔虹，秦旭芳.《幼儿园教师职业人格量表》的编制与标准化［J］. 辽宁教育，2019（12）：62-72.

［110］王姣艳，郁松华，陈洁. 三位培智学校教师的职业认同初探［J］. 中国特殊教育，2011（8）：25-30.

［111］王兰英. 论教师的人格价值［J］. 现代哲学，1995（3）：60-63.

［112］王玲凤. 湖州市幼儿教师的应激和心理健康状况研究［J］. 中国学校卫生，2005，26（11）：912-914.

［113］王玲凤. 民工的心理紧张和心理健康状况［J］. 中华劳动卫生职业病杂志，2005，23（6）：418-423.

［114］王玲凤. 特殊教育教师职业压力的调查分析［J］. 中国特殊教育，2009（8）：57-60，96.

［115］王玲凤. 医生职业压力与心理健康状况关系［J］. 中国公共卫生，2007，23（5）：529-531.

［116］王萍涛. 教师人格：一种重要的现代教育手段［J］. 宜春师专学报，1999，21（3）：70-72，77.

［117］王少华. 试论教师人格在师生交往中的教育价值［J］. 教育研究与实验，2000（4）：69-71.

［118］王雁，等. 中国特殊教育教师培养研究［M］. 北京：北京师范大学出版社，2012.

［119］王真真，段金松，郭凯娟，等. 飞行学员职业人格特征探讨［J］. 华南国防医学杂志，2010，24（2）：148-150.

［120］吴光勇，黄希庭. 当代中学生喜爱的教师人格特征研究［J］. 教育研究与实践，2003（4）：43-46.

［121］吴小伟，郑刚. 我国教师资格认证制度问题与对策研究综述［J］.

当代教育论坛, 2013 (1): 36-41.

[122] 吴晓义, 杜今锋. 管理心理学 (第 2 版) [M]. 广州: 中山大学出版社, 2009.

[123] 伍新春, 曾玲娟, 秦宪刚, 等. 中小学教师职业倦怠的现状及相关因素研究 [J]. 心理与行为研究, 2003 (4): 262-267.

[124] 肖晓莺. 高校教师职业人格特质对学生的心理影响 [J]. 学习月刊, 2009 (24): 98-99.

[125] 刑少颖, 贾宏燕. 关于优秀幼儿教师人格特征的研究教育研究 [J]. 学前教育研究, 2002 (1): 43-46.

[126] 熊建辉. 构建我国教师专业标准的思考: 国际比较的视角 (上) [J]. 世界教育信息, 2008 (9): 39-43.

[127] 徐建星. 中小学教师招聘考试存在的问题与对策 [J]. 教书育人, 2019 (29): 45-47.

[128] 徐晶晶. 国内领导干部职业人格特征的研究进展 [J]. 社会心理科学, 2008 (5): 70-73.

[129] 徐美贞. 特殊教育教师心理健康状况的调查研究 [J]. 中国特殊教育, 2004 (2): 65-68.

[130] 徐玉明, 张建明. 警察职业人格结构初步研究 [J]. 公安大学学报, 2002 (4): 102-105.

[131] 许馨月. 幼儿教师职业倦怠与社会支持、角色冲突的关系 [D]. 济南: 山东师范大学, 2017.

[132] 学校制度_百度百科 https//baike. baidu. com/item/%E5%AD%A6%E6%A0%A1%E5%88%B6%E5%BA%A6.

[133] 阎德明. 现代学校管理学 [M]. 北京: 人民教育出版社, 1999.

[134] 杨柳, 孟万金. 特殊教育教师的社会支持探析 [J]. 中国特殊教育, 2013 (3): 19-29.

[135] 杨琼娃. 特殊教育教师职业倦怠问题研究 [D]. 西宁: 青海师范大学, 2017.

[136] 杨秀玉, 孙启林. 教师的角色冲突与职业倦怠研究 [J]. 外国教育研究, 2004 (9): 10-13.

[137] 杨晔, 郝玉芳, 罗岩, 等. 护士职业人格特征研究 [J]. 健康心理学, 1997 (3): 153-156.

[138] 叶澜. 教育概论 [M]. 北京: 人民教育出版社, 1991.

[139] 游伟, 徐秋云. 教师人格与教师专业发展 [J]. 教学与管理, 2008 (3): 32-33.

[140] 于淑云. 教师人格塑造的价值追求 [J]. 教育研究, 1997 (10): 47-52, 68.

[141] 张峰. 互动公平对特殊教育教师工作满意度的影响: 信任领导的中介作用 [J]. 中国特殊教育, 2017 (11): 64-68.

[142] 张济正. 学校管理学 (修订本) [M]. 上海: 华东师范大学出版社, 1990.

[143] 张利静. 促进教育公平与卓越: 澳大利亚全国教师专业标准述评 [J]. 江苏教育研究, 2011 (19): 58-61.

[144] 张茂聪, 李拉. 教师职业准入制度的研究 [J]. 山东师范大学学报 (人文社会科学b), 2008 (1): 77-81.

[145] 张胜利, 贾君, 李慧. 吉林省特殊教育教师队伍现状调查报告 [J]. 中国特殊教育, 2014 (12): 60-65, 13.

[146] 张文强. 基于专业标准的教师准入制度变革构想 [J]. 南都学坛,

2013，33（03）：94-96.

［147］张义群. 人才测评：提高中小学教师招聘有效性对策［J］. 安庆
师范学院学报（社会科版），2015，34（4）：159-161.

［148］赵娜. 武汉市特殊学校教师教学效能感、工作满意度、职业倦怠
及其相互关系的研究［D］. 武汉：华中师范大学，2009.

［149］赵巧云. 我国特殊教育教师专业化发展标准刍议［J］. 中国特殊
教育，2009（4）：14-18.

［150］赵淑珍. 浅谈特殊教育中教师的人格素质［J］. 现代特殊教育，
2004（Z1）：79.

［151］赵小红，王雁. 国内特殊教育教师心理健康状况研究进展［J］.
中国特殊教育，2012（3）：17-20.

［152］赵鑫，王艳. 霍兰德职业人格——工作环境类型理论及其启示［J］.
河北大学成人教育学院学报，2009，11（1）：66-67.

［153］赵中建. 教育的使命——面向二十一世纪的教育宣言和行动纲领
［M］. 北京：教育科学出版社，1996.

［154］郑雪. 人格心理学［M］. 广州：暨南大学出版社，2007.

［155］制度_百度百科 https：//baike. baidu. com/item/%E5%88%B6%E5
%BA%A6/40669?fr=aladdin.

［156］中国社会科学院语言研究所词典编辑室. 现代汉语词典［M］.北京：
商务印书馆，1996.

［157］周超. 特殊教育教师职业倦怠的现状研究［D］. 大连：辽宁师范
大学，2016.

［158］周厚余. 积极心理学视角的特殊教育教师情绪劳动策略研究［J］.
教师教育研究，2016，28（1）：61-66，88.

［159］周正，韩悦. 特殊教育教师一般自我效能感现状及其与核心自我评价的关系［J］. 教师教育研究，2014（3）：55-60.

［160］朱晓红，徐朝阳. 幼儿教师职业人格发展状况、问题及优化建议——以呼和浩特市为例［J］. 内蒙古师范大学学报（教育科学版），2016，29（10）：37-41.

［161］庄锡昌. 多维视野中的文化理论［M］. 杭州：浙江人民出版社，1987.

［162］Billingsley B S. Promoting teacher quality and retention in special education［J］. Journal of learning disabilities，2004，37（5）：370-376.

［163］Cano-Garc í a F J，Padilla-Muñoz E M，Carrasco-Ortiz M Á. Personality and contextual variables in teacher burnout［J］. Personality and Individual differences，2005，38（4）：929-940.

［164］Carlson E，Lee，H，Schroll K. Identifying attributes of high quality special education teachers［J］. Teacher Education and Special Education，2004，27（4）：350-359.

［165］Čepić R，Vorkapić S T，Lončarić D，et al. Considering transversal competences，personality and reputation in the context of the teachers' professional development［J］. International Education Studies，2015，8（2）：8.

［166］Diaconu M. Competentele profesiei didactice［M］// L. Gliga（Ed. ），Standarde Profesionale pentru profesia didactică. Bucureşti，Polsib SA：Ministerul Educatici si Cercetarii，2002：25-35.

［167］Dodge A F. What are the personality traits of the successful teacher？［J］.

Journal of Applied Psychology, 1943, 27（4）: 325.

［168］Emmerich W, Rock D A, Trapani C S. Personality in relation to occupational outcomes among established teachers［J］. Journal of Research in Personality, 2006（40）: 501-528.

［169］Freudenberger J. Staff burnout［J］. Journal of SocialIssues, 1974（1）: 159-164.

［170］Gottfredson, G. D, John L. Holland's contributions to vocational psychology: A review and evaluation［J］. Journal of Vocational Behavior, 1999, 55（1）: 15-40.

［171］Hogan R, Hogan J, Roberts B W. Personality measurement and employment decisions: Questions and answers［J］. American psychologist, 1996, 51（5）: 469.

［172］Jerry M, Burger. 人格心理学（第八版）［M］. 北京: 中国轻工业出版社, 2016.

［173］Kokkinos C M. Job stressors, personality and burnout in primary school teachers［J］. British journal of educational psychology, 2007, 77（1）: 229-243.

［174］Küçüksüleymanoglu R. Burnout Syndrome Levels of Teachers in Special Education Schools in Turkey［M］// International Journal of Special Education, 2011, 26（1）: 53-63.

［175］Lundgren H G. Comparison study of personality and resource teacher effectiveness［J］. Dissertation Abstracts International, 1978: 38-12, 7272.

［176］Mazur P J, Lynch M D. Differential impact of administrative, organizational, and personality factors on teacher burnout [J]. Teaching and teacher education, 1989, 5 (4) : 337–353.

[177] Novojenova R, Sawilowsky S. Measurement of influence of the teacher's personality on the students in the classroom [J]. Social Behavior and Personality, 1999 (5) : 533–543.

[178] Olson M R, Chalmers L, Hoover J H. Attitudes and attributes of general education teachers identified as effective inclusionists [J]. Remedial and Special Education, 1997, 18 (1) : 28–35.

[179] Pishghadam R, Sahebjam S. Personality and emotional intelligence in teacher burnout [J]. The Spanish journal of psychology, 2012, 15 (1): 227–236.

[180] Purvanova R K, Muros J P. Gender differences inburnout: A meta – analysis [J]. Journal of Vocational Behavior, 2010, 7 (2) : 168–185.

[181] Rushton S, Morgan J, Richard M. Teacher's Myers–Briggs personality profiles: Identifying effective teacher personality traits [J]. Teaching and Teacher Education, 2007, 23 (4) : 432–441.

[182] Tokar D M, Fischer A R, Subich L M. Personality and vocational behavior: A selective review of the literature, 1993—1997 [J]. Journal of vocational behavior, 1998, 53 (2) : 115–153.

[183] Williams J, Dikes C. The implications of Demographic variables as related to burnout among a sample of special education teachers [J]. Education, 2015, 35 (3) : 337–346.

[184] Wisniewski L, Gargiula R M. Occupational stressand burnout among

special educarors: A review of the literature ［J］. The Journal of Special Education, 1997, 1（3）: 325-346.

附 录

特殊教育教师职业人格问卷

老师：

　　您好！感谢您支持我们的调查。这是一项有关特殊教育教师职业人格的科研调查，本次调查采用无记名方式，答案没有好坏、对错之分，只想了解您最真实的想法，您的如实回答是本调查的关键和基础！请不要漏掉任何一题，再次感谢您的真诚协助！

请您填写个人基本情况：

1. 性别：男□；女□

2. 年龄：20 ~ 30 岁□；31 ~ 40 岁□；41 ~ 50 岁□；51 ~ 60 岁□

3. 岗位类别：专任教师□；　行政领导□；　行政和教师双肩挑□

4. 职称：初级及未定级□；中级 □；高级□；正高级□

5. 目前取得的最高学位：学士□；　硕士□；　博士□；　其他□

6. 学历学习中有无特殊教育专业经历：有□；　无□

7. 所在学校（机构）的类别：（1）培智（启智）学校□；（2）自闭症学

校（机构）□；（3）盲校（启明学校）□；（4）聋校（启聪学校）□；（5）综合性特殊教育学校□；（6）其他____

8. 您所在学校的性质：公立□；私立□；其他□

9. 教龄：5年以下□；6～15年□；16年以上□

10. 在特殊教育学校（机构）工作年限：5年以下□；6～15年□；16年以上□

11. 您目前的教育对象：1.智力障碍□；2.自闭症视□；3.脑瘫□；4.视力障碍□；4.听力障碍□；5.多重障碍□；6.肢体障碍□；8.其他类别____

12. 您每周的平均课时：0～5节□；6～10节□；11～15节□；16～20节□；20节以上□

13. 在特殊教育教师岗位上您是否获得过县（区）级以上荣誉或奖项：有□；无□

14. 您所在城市：_____省_____市

请您仔细阅读以下各题，并在后面给出的项目中选择一个较为符合您实际情况的选项，并打"√"。数值越大表示越符合，1——完全不符，2——比较不符，3——不确定，4——比较符合，5——完全符合。

序号	选项	符合程度				
		1 完全不符	2 比较不符	3 不确定	4 比较符合	5 完全符合
1	我经常利用休息时间参加公益活动					
2	"捧着一颗心来，不带半棵草去"，我认同这句话，也是这么做的					
3	我经常做一些并非学校布置但对学生有益的事					
4	如果招募赴灾区救援的志愿者，我会去报名					
5	集体备课时我总能积极承担任务					
6	我把那些勤恳工作的同事作为我的榜样					
7	即使在休假，我也会经常思考工作上的事					
8	即使缺少支持，我仍会认真完成我的工作					
9	我更愿与人合作，而不是竞争					

序号	选项	符合程度				
		1 完全 不符	2 比较 不符	3 不确 定	4 比较 符合	5 完全 符合
10	同行来校交流，我能以主人翁的态度对他们					
11	和同事出现矛盾，我会主动想办法解决					
12	团队工作出差错时，我会先检讨自己					
13	我觉得那些父母不在身边的孩子都很可怜					
14	我总是能感同身受别人难过的心情					
15	那些重病缠身的人让人同情					
16	遇到陌生人求助，我会热情地帮忙					
17	如果有人歧视外地人，我会愤愤不平					
18	我从来都不会插队					
19	即使我很好奇，也不会偷看别人隐私					
20	承诺了别人的事，即使再困难我都会完成					
21	我总是及时归还所借的钱物					
22	即使没有人检查，我也不会上课迟到					
23	即使在户外我也不随意丢垃圾					
24	我基本上没有和别人发生过争执					
25	我做人做事属于不偏不倚的温和型					
26	和我交往的人都觉得我性情温和					
27	我非常渴望能在工作上有自己的建树					
28	我坚持学习以提升自己的专业能力					
29	我总是希望能充分发挥出自己的价值					
30	如果别人比我做得更好，我会向他（她）学习					
31	面对一个困难，我通常能用几个办法解决					
32	我有许多活跃的想象					
33	对我而言，处理好工作和学习的关系是一件容易的事					
34	遇到事情，我通常都能做出明智的决定					
35	我自信我能应付任何突如其来的情况					
36	一旦找到做某件事情的正确方法，以后我会始终采用这个办法（反向）					

后　记

　　历时多年的研究终于可以付梓出版了，心情是喜悦的，但也是复杂的。2000 年，从母校陕西师范大学特殊教育专业毕业后，我就成了一名特殊教育学校的教师。20 年的教育生涯，让我在日复一日陪伴特殊孩子成长的同时，有机会不断思考教育是什么、教师是什么、该做一名什么样的教师。时至今日，对于这些问题，我依然没有找到完美的答案，但随着时光的推移，我越来越相信，我一定会找到想要的答案！科学的态度和科学的方法就是我信心的来源。此项研究的过程就是我努力尝试运用科学的理论和方法解决特殊教育问题的一次尝试。这个过程对于我而言是一次跨越和蜕变！研究的过程就是一次学习的过程，让我跨越了认知教育的经验层次，让我面对纷繁复杂的教育现象时能够做出更加科学理性的分析和判断，让我可以更加自如地运用科学的方法来解决问题，也让我的教育理念从零碎变得系统！作为一名一线的教育工作者，这些成长令人欣喜，让人兴奋，也让我对未来的职业生涯充满期待！而在这个成长的过程里，有太多的人需要感谢！

感谢我的博士导师游旭群教授。您给了我再次求学的机会，还让我在求学的路上进入一个全新的世界，让我不断体会到成长的乐趣，不断感受专业的魅力。每次与您的见面都是令人难忘的画面，里面有长者的教诲，还有学者的导引，我不仅学会了如何钻研学问、解决问题，还学到了如何待人接物，如何以更积极的心态来面对工作和生活。从萌生读博的想法到获得读博的机会，一路过来，我这个笨学生太让您费心了，但您对我特别宽容，特别耐心，您是我的学术上的灯塔，也是我工作和生活的榜样！真心谢谢您！

感谢母校各位亲爱的老师们对我的悉心教导和关爱。感谢司晓宏教授，郝文武教授、陈鹏教授、栗洪武教授、张立昌教授、田建荣教授、胡卫平教授、王振宏教授、陈晓端教授、杨建华教授、张文兰教授、龙宝新教授、袁利平教授。特别感谢房喻校长，让我有机会能再次回到母校学习，无论是治学还是做人，您都是我学习的榜样！特别感谢赵微教授、兰继军教授、王庭照教授、石学云教授、冯建新教授！

感谢我博士班同班同学王建学、高玲、谢军、尹达和王雅荔。能在重返母校成为学生后遇到你们是我的幸运。我没有想到，和你们一起学习可以如此纯粹，可以如此沉醉！与你们相伴的日子，总是觉得时间过得太快！感谢学弟学妹们在我学业和研究过程中对我的帮助。特别感谢晨麟，海波、悦明、李苑、小雪、刘洋、马慧、玉兰、张坤、海军，还有很多同学和师弟师妹，不一一列举，希望你们未来一切顺利，也希望我们友谊长存！

感谢我在教育一线的专业领路人王志超教授，梁敏仪校长，还有近20年来与我一起前行的顺德启智学校的小伙伴们，有你们的陪伴和帮助，让我的专业之路充满了温暖，也收获了无尽的风光！还要感谢在我的专业探索中给予过我帮助的特教前辈、同行、领导们，你们是我前行的榜样，也是我前进的动力源泉！

　　最后，我要特别感谢我的家人。无限风光在险峰，研究过程犹如一场向险峰攀行的过程，每个人都知道踏过那些崎岖，就会看到美丽的风景，但每一步踏得并不轻松，而每一步的后面都离不开家人的支持！感谢我的爱人王颖娜，你是我最重要的人，也是最理解我，最支持我的人！为了让我能安心学习和研究，你扛起了照顾孩子和家庭的重担，你总是会不时督促和鼓励我，让我能在艰难的时候鼓起勇气，不断向前！感谢我的岳父母、父母及家人，是你们在生活上尽力照顾我，让我无后顾之忧，更好地投入到研究中！也感谢我的儿子栋亦，有你的陪伴，看到你的成长，让我对生活充满期待，也让我充满活力和斗志，我会努力，为了你，也为了我们！

　　人生的美好在于亲情，爱情，友情，但人生的美好绝不止这些！用人类的智慧去探寻一个又一个未知，让世界越来越清晰地呈现在人们的面前，这也是一种美好！致敬和祝福每一个用真心探寻这个世界的人，也感谢每一个愿意为我不断向前提供帮助的人！